U0336588

# 战略思维

## 九大思维让数字时代企业
## "从好到卓越"

董坤 ▶ 著

**STRATEGIC
THINKING**

9 THINKING MODELS

机械工业出版社
CHINA MACHINE PRESS

## 图书在版编目（CIP）数据

战略思维：九大思维让数字时代企业"从好到卓越" / 董坤著 . —北京：机械工业出版社，2024.6
ISBN 978-7-111-75607-1

Ⅰ.①战… Ⅱ.①董… Ⅲ.①企业战略 – 战略管理 Ⅳ.① F272.1

中国国家版本馆 CIP 数据核字（2024）第 075778 号

机械工业出版社（北京市百万庄大街 22 号　邮政编码 100037）
策划编辑：谢晓绚　　　　　　　责任编辑：谢晓绚　林晨星
责任校对：贾海霞　李　婷　　责任印制：郜　敏
三河市宏达印刷有限公司印刷
2024 年 6 月第 1 版第 1 次印刷
147mm×210mm・9.875 印张・4 插页・202 千字
标准书号：ISBN 978-7-111-75607-1
定价：79.00 元

电话服务　　　　　　　　　网络服务
客服电话：010-88361066　　机 工 官 网：www.cmpbook.com
　　　　　010-88379833　　机 工 官 博：weibo.com/cmp1952
　　　　　010-68326294　　金 书 网：www.golden-book.com
**封底无防伪标均为盗版**　　机工教育服务网：www.cmpedu.com

# 在行动中学习与思考

职业人士需要持续学习：医生需要学习新的医学研究成果和治疗手段；律师需要学习新的法律规章和诉讼技巧；管理者需要学习新的商业模式与管理方法；战略咨询师需要学习新的理论思想和实践创新。作为战略咨询师，董坤先生是一位与时俱进的职业人士。他坚持不断地学习与思考，更新自己的知识体系，提升自身的专业能力。这本书是他近年来学习、思考与实践的结晶。对于创业者或管理人员来说，持续不断地学习自然包括阅读当下富有洞察力和见地的管理论著。董坤先生的这本《战略思维》可以使这些读者感受到学习的刺激和思考的愉悦，值得大力推荐。

首先，这是一本基于广博的阅读和深入思考的书，涉及众多战略管理领域以及相关领域的论著，横贯中西，广征博引——不仅涉及学术界经典的、具有代表性的基础研究,比如战略定位论与资源本位企业观,而且涉及当代商务畅销书中的精彩呈现,比如反脆弱思维和流量思维。董坤先生已然在海量阅读的基础上筛选出最具洞见的素材与视角,在加工整理以及写作呈现的过程中,融入了自己的思考、感悟与忠告。积淀深厚,深入浅出。

其次,这是一本面向管理实践者的、具有强烈行动导向的书。思维,通常是行动的前提,可以激发行动、诱导行动、强化行动、修饰行动或限定行动。思维,或者更加具体而言,在特定的思维方式下进行的思考和辨析,可以赋予行动以意义,可以辅助并指导行动。从数字时代有关战略的九大思维到构成战略飞轮的九大要素,本书给出了不同级别的分析框架,由宏观到微观,层层递进。对于时间乃是最为稀缺的资源的创业家和管理者而言,这些实操型的框架尤为重要。

再次,这是一本突出地体现理论与实践动态咬合的书。其中的内容与思考,在很大程度上体现了本书创作“现在进行时”的过程与状态:呈现的内容经过董坤先生自己在其战略咨询实践中的验证,或者正在得到不断的验证和迭代。他的战略咨询和独具特色的“微咨询”实践服务于各类大小和性质不同的企业,跨越多个行业与地域,为商业伙伴们带来帮助与启发。基于这种互相学习与借鉴的过程,书中的内容通常既鲜活应景又具有一定意义上的普遍性与恒常性。

开卷有益,前提是卷中有物且言之成理。关于战略的书可谓浩如烟海，但与时俱进又同时致敬经典的书，难得一见。与时俱进，需要有对新时代的深刻洞察和深入理解，并能够把握和抽取最为实质性的要点与关键。数字时代，信息的重新组合是创新的要务、精髓。作者极为看重这一点。此外，书中的九大思维涵盖了企业战略管理的外部分析与内部考量，强调的是二者的匹配契合，而不是此消彼长与极端偏执，故可谓此书关照了战略管理的基本主旨与百年精华。

最后，值得一提的是作者的职业风范与激情承诺。我与董坤先生因我的微信公众号相识，也阅读并评论过他之前的几本书。最近，经常看到他的有关战略咨询的短视频，感觉他对自己的事业有一种令人钦佩的热情执着与献身投入，气场十足又笃实虔诚。他和接受其咨询服务的伙伴们在同一个波段的和谐共振令人欣喜，值得褒扬。在转战全国各地咨询项目的繁忙旅程中，他仍不忘坚持游泳健身，这也需要毅力和决心。

董坤，一位不断学习与思考、注重行动与实践、与时俱进而又尊重规则、激情四射而又审慎自律的职业人士。他的作品值得伙伴们阅读。请吧！

马浩博士

北京大学国家发展研究院管理学教授、发树讲席教授

北京大学国家发展研究院 BiMBA 商学院学术主任

# 数字时代的商业重构

企业数字化转型无疑是这几年在商业领域中人们谈论最多的话题，人们对数字化这一趋势已经形成普遍共识。我们已经处在数字时代，未来已来！

然而，企业数字化转型从哪里开始？这其实是一个非常重要的问题，实践中不同的企业按照不同的理解推进着本企业的数字化转型，大部分企业实际上是把数字化定义为某一职能维度的数字技术应用，如营销、生产、财务等。把数字化定义为技术，定义为项目，定义为应用，当然都没有错，但董坤老师提出的数字时代的九大战略思维，把数字化定义为战略维度、战略思考，让人眼前一亮，一切都通了！企业数字化转型的起点是战略，在数字化大背景下，很多企业的战略需要修订，甚至很多企业需要商业重构！

董坤老师是长贝咨询的首席战略咨询师，是我的同事，我们在一起沟通的机会是比较多的，他的战略思想对我有很大的影响。董坤老师的理论经验和实战实践经验都很深厚，是少有的在两个圈子里都风生水起的一位咨询师，他那相当于一个小型图书馆的书房给我们很多同事留下了深刻的印象。

拿到董坤老师的《战略思维》书稿后，虽然知道其中很多思想、方法和工具我们在日常沟通中都有所涉及，但我还是一口气读完了。此书是理论与实践的结合，值得学术学者和企业家认真阅读。书中详细阐述了数字时代的战略思考，以及促成数字时代商业重构的底层逻辑。书中谈到的数字时代新的"商业范式"概念，数字时代企业战略由竞争维度转向利益相关者价值维度等内容都具有极高的认知和应用价值。书中所述，既是对理论体系的完善，又是从实践中总结出的方法论——既有高度，又接地气，值得反复阅读。

董坤老师为人直爽，痴迷阅读，喜欢游泳，是一位亦师亦友的理论功底深厚的实战咨询师，我衷心地推荐大家认真阅读董坤老师此书以及他的一系列著作！

刘国东

长贝控股集团创始人、董事长

PREFACE

# 前 言

## 如何应对未来的数字商业世界

近些年，没有人不曾感受到四个要素对于商业世界的影响，即政治、经济、社会、技术。

这四个要素，用四个英文单词的首字母来表示就是 P（Politics）、E(Economy)、S(Society)、T(Technology)。正如你所知，"PEST"是宏观战略分析领域中非常经典的模型。

在相当长的时期里，对于企业战略的研究，专家、学者、咨询顾问和企业管理者，都把大多数精力放在了企业内部，比如，如何提高企业自身的竞争力？如何通过营销来打开市场？怎样投入研发力量来提升产品的技术含量？怎么优化团队和组织架构？如何制定预算式管理方案……

但近些年，实际发生的一些事情让他们察觉，除了企业内部的问题，外部的宏观环境对于企业发展的影响也至关重要。

例如，行业监管政策对企业规范化运营的要求越来越高；经济环境和结构性变化让企业的竞争压力持续增加；社会舆论对企业的要求越来越高，人们希望企业肩负更多的社会责任；技术创新及应用层出不穷，人工智能、数字化、万物互联、新能源等方面的新进展不断涌现……这些都给各个行业带来了巨大的冲击。

上述外部因素要求企业管理者制定出的战略既能适应甚至拥抱外部剧烈的环境变化，又能充分激发企业内部活力、直面创新需求。

同时，我们不得不承认，在多种因素（特别是科技因素）的影响下，制定企业战略的思维发生了巨大的转变。在面对原来既有的、成熟稳定的市场时，大多数企业专注于提升自身的竞争力，从效率、流程、管理、人才梯队、持续性技术创新等方面调动企业的多项经营要素，力图为市场和客户提供性价比高的产品，实现对市场需求、售后服务的快速响应。而如今，市场变化迅速，消费者的需求转瞬即变，行业上下游的技术渗透日益加速，单纯提高竞争战略制定水准的思维定式，会将企业全面推入充斥竞争的红海。

令人感到奇怪的是，在秉承传统打法的企业很难在市场上找到利润空间的同时，我们的生活中还有大量的需求没有得到更好的满足。比如，有没有办法让写字楼里面的人不必刻意避开用餐高峰也能及时收到外卖？有没有办法让人们在重要的节假日也能快速收到快递？有没有能够尽早发现重大疾病的轻便检测设备？有没有能够根据订单变化快速切换生产线的生产设备……

企业一边在红海中挣扎，一边却对身边的重大商机视而不见。改变这种状况，企业要将自身发展的战略思维由"提升竞争力"切换到"创造利益相关者<sup>○</sup>价值"。就像著名的《蓝海战略》所倡导的一样：开创全新的市场，才是企业持续稳健经营的利器。

上述情况，要求我们系统地转变制定企业战略的思维方式，与其关注和对手相比的竞争力，不如关注未被满足的重大需求。

当然，实现这一思维上的转变并不容易。它需要企业管理者理解商业环境中正在发生的剧烈变化，从更抽象的本质层面来理解商业规律的改变，从而方能将抽象的认知转化为在企业里可以实际应用的工具与方法。更重要的是，企业不能忽视科技因素可为自身带来的巨大改善机会。科技的发展和创新，让原有的商业模式的运作效率更高，甚至可以让一些原本不可能实现的商业模式有实现的机会。

继互联网、移动互联网之后，数字化的浪潮正在给商业环境带来翻天覆地的改变。这种改变的特征是：人们在一开始不觉得有什么大不了的，但假以时日，它必能改天换地。数字化比起互联网、移动互联网，给商业环境带来的改变更为"底

___
○ 利益相关者是指跟企业利益相关的所有对象，包括股东、员工、供应商、买方客户、政府机构等。

层"，更具有颠覆性。同时，数字化的进程受到传感器技术的制约，将会经历更长的时间。<sup>⊖</sup>

不过，随着时间的流逝，当我们所生活的真实世界的信息被数字化到一定的程度时，数字世界的建立将会给商业环境、社会、国家带来巨大的机遇和挑战。

为了迎接这种改变，商业人士、企业<sup>⊜</sup>都要做好思维方面的准备，积极理解数字化的本质，深入研究数字化背景下的战略思维，并积极运用这种思维，以期在数字化的浪潮中游刃有余、抓住机遇。

本书提出的数字时代企业制定战略时需依据的九大思维，可以帮助商业人士、企业及其他组织深入理解在现在以及未来的数字时代中，该如何制定自身的新战略。一切对新战略的掌握，都应该建立在对新时代的洞见思维之上。只有深入地掌握了数字时代背景下各种组织运营的底层思维，我们才能结合自身状况构建个人和机构的新战略。

本书用三个部分的内容来诠释数字时代企业制定战略时需依据的九大思维。

第一部分共有两章。第一章第一节的内容简单明了地告诉

----

⊖ 目前的传感器技术还停留在物理型传感器的层面，种类不够丰富，不能实现更大规模的数字化。一旦未来出现可以感知血液、细胞变异等的化学型传感器，更大规模的数字化将会发生。可以说，在初级数字化过程中，传感器对数字化赋能，但在更为深度的数字时代，单一的物理型传感器在某种层面上对数字化来说是阻碍。

⊜ 本书以企业视角为主，其他类型的组织，如非营利组织、政府机构等，可以借鉴参考。

你，到底什么是数字化。数字化实际上并非今天才出现，这一进程在数十年前就开始了，只是今天，它发展到了一个不容忽视的阶段。之前的变化都是缓慢的、局部的，如今已有燎原之势。第二节则阐述数字化给商业实践带来了底层逻辑方面的变化。第二章强调商业机构中的战略决策者应该树立全新的意识，认识到经营的核心就是对信息的处理。通过这一章的阐述，我希望带着你洞察决策背后的信息本质，更深入地理解为什么信息从模拟形式转变为数字形式，能带来如此大的变化。

第二部分共有两章。第三章介绍企业掌控发展"外因"的三大战略思维，分别是解决方案思维、客户任务思维和价值思维。第四章介绍企业修炼"内功"的六大战略思维，它们分别是终局思维、反脆弱思维、流量思维、共赢思维、智力资本思维和网络外部性<sup>⊖</sup>思维。

你或许或多或少地听到过上述这些"新思维"当中的一种或者几种，但并没有深入地理解这些思维的底层逻辑以及它们和战略的关系。为了便于你理解，对于每一种战略思维，我都会按照固定的格式来介绍：首先，交代它的定义；其次，介绍它的特点，然后带你一起分析这种思维在现实的战略制定过程中是如何被忽视的，进而阐述忽视这种思维将会给企业战略带来什么样的影响；最后，我会告诉你要采取什么行动才能掌握这种思维，怎样在自己企业的战略中检验它是否得到应用，以

---

⊖ 网络外部性也称网络效应。

及如何结合它来制定战略。

第三部分共有两章。在第五章，第一节先介绍在"任何时期"中，企业制定战略时都需要考虑的九大要素。这九大要素构成了企业制定战略的工具——战略飞轮。然后，在第二节，将九大思维与九大要素结合起来，形成一份在"数字时代"中企业制定战略时可参考的工具表单。运用这份工具表单，你可以检查企业现有的战略能否契合数字时代的要求。如果你想根据"新思维"的要求来制定或修改现有的战略，也可以运用这一工具表单来实现。在第三节中，我介绍了如何运用战略飞轮逐步优化企业战略：你可以找出自己企业最突出的长板，充分发挥它的优势；你也可以从弥补自己企业的短板开始，逐步优化所有的九大要素。

第六章第一节，介绍了使用战略飞轮这一工具制定企业战略时，你需要基于九大思维系统地梳理构成战略飞轮的九大要素。然后，提供了一份基于九大思维的战略评分标准：评分越高，表示企业战略在数字时代中的适应性越强，反之则越低。第六章第二节，介绍了将评分由低变高，提升企业战略在数字时代适应性的方法论，还为你提供了两种方法来完善自己的战略体系（这两种方法都有大量成功的案例）。你需要持续关注战略在实践中的执行状态，最终获得整体上强大的战略体系。

当你能运用"新思维"来制定战略时，就会发现结合九大思维制定出来的战略，既考虑了外部宏观环境的剧烈变化，又兼顾了组织内部如何设定战略目标、调动资源和人员、设计敏捷流程。也就是说，你获得的是能让组织与其所处环境内外联动的战略规划，既能保证自身的战略定力，又能从容面对巨大变化，从不确定性中获益。

本书的所有模型和想法最初源于我开发的一门版权课程："数字时代战略的九大思维"。课程开发出来后，我曾在 40 多家企业为高管举办了为期 4 天的战略工作坊和内训。在这个过程中，很多卓越人士提供了多项改进意见，本书吸纳了这些改进意见并做出细致的更新，希望这能有助于你更好地理解与数字时代企业制定战略有关的九大思维。

此外，这门课程也多次在 400 ～ 500 人规模的公开课上亮相。但因为公开课的时间限制，每次只能向企业家学员展示一两种思维。众多学员表示：之前自己对这些思维的理解不够深入，因此对数字时代的企业发展充满焦虑，但了解九大思维的本质后，也就了解了数字时代的脉搏，知道了该从哪里下手来为自己的企业制定契合数字时代商业逻辑的发展战略。

为了帮助更多的企业负责人和机构负责人，我决定将这门课程的核心内容整理成册，希望能帮助更多的企业深入理解与数字时代制定战略有关的这九大思维。

本书适合企业高管、企业负责人以及任何有志于在新时代获得巨大发展的个人阅读。

祝大家开卷有益！

董坤

2024 年 6 月 1 日 于深圳

| CONTENTS |
## 目录

| 第一部分 |
## 数字化给商业实践带来了什么

# 数字化给商业实践
# 带来了什么

STRATEGIC
THINKING

——

进入 2023 年，数字科技对于任何人来说，都不只是一个空泛的概念了。我们的日常生活、行为乃至心理状态，都已经被数字"管控"。你用打车 App 打到了一辆车，通过手机就可以查看这辆车的行驶轨迹，不必提前很久出门，等车快到上车地点时，你可以再从容地走到路边；在陌生的地方，手机中的导航 App 会时时刻刻提醒你所处的位置和下一个路口应怎么走才能到达目的地；线上下单购买一条裙子后，物流信息提示你订单已经在派送时，你心里就开始期待更漂亮的自己……

然而，这一切究竟是如何发生的？在漫长的人类历史中，我们做出判断，一直都是靠着感官和感觉而行，而为什么今天会被流动在信息、通信交流、计算机等设备当中的数字信息指挥，主动放弃自己的决策权？

究竟什么是数字化？它会如何发展？数字化将给这个世界和商业实践带来什么样的变化？

我们将在本书的第一部分，揭开这些问题的谜底！

# 第一章

# 新商业逻辑背后的哲思

## 第一节  何为数字化

德国汉堡港务局和美国思科公司合作，在汉堡码头外铺设了一条智能马路。马路两侧有摄像头，路面的沥青中混入了一层压力传感器。夜幕降临后，当有行人或者车辆通过时，路两旁的路灯就会自动点亮。相反，如果没有行人或车辆，路灯是熄灭的，节省能源。

更为稀奇的是，每当这条路上的货车需要排队时，司机都会收到码头内正在停泊或者装卸货物的车辆的相关信息。如果此时，码头内部比较繁忙，货车司机可以选择小憩一会儿，而不必着急排队。当然，他们也能收到关于码头的环境信息，如气温信息、干湿度信息，以便判断自己的货物是否会受到周围环境的影响，从而采取更妥帖的保温、防潮措施。

通往汉堡码头的道路中，有一座桥梁。在桥梁没有实现智能化以前，当有货轮通过时，这座桥梁将从中间向两边拉起，这时候车辆是无法通行的。一旦有货轮通过，就会造成港口外围道路的交通阻塞。智能化彻底解决了这个问题。解决的方法也很简单，当桥梁被拉起来的时候，港口道路附近的交通信号灯就会进行自动调节，控制车辆的进入，从而给港口内部的车辆足够的空间驶离港口，而不必担心被涌入的车辆堵住。驶离的车辆不用过桥，一旦桥梁恢复原状，驶入的车辆就会畅通无阻地进入已经清空的港口——以往，它们往往会因为这一进一出而被堵在港口大门外。⊖

这些有点令人惊讶又让人欣喜的转变，实际上是几个摄像头和压力传感器的功劳。它们把我们所处的这个真实世界，转变成了计算机可以理解的数字世界。压力传感器会因为感受的压力，判断出有多少车辆进入或驶离了港口，它们是空车还是载重车。摄像头会"看到"行人和车辆，并感知是白天还是夜晚，然后给路灯"下"命令。当然，它们也能告诉交通信号灯：桥梁被拉起，货轮正驶过，请交通信号灯控制车流量……

实现这些让人惊奇的、具有一定智能的操作的前提是，我们

---

⊖ 资料来源：整理自综合媒体报道。

的世界正在被数字化。

到底什么才是数字化呢？

如果去查科普资料或者百科知识，你往往会得到一段很令人费解的描述，比如，一篇科普文章中这样写道：

> 数字化是指将信息转换成数字格式的过程——将某一物体、图像、声音、文本或者信号转换为一系列由数字表达的点或者样本的离散集合表现形式，其结果被称作数字文件，或者更具体一点，数字图像、数字声音等。在现代实践中，数字化的数据通常是二进制的，以便于计算机处理。但严格来说，所有把模拟源转换为任何类型的数字格式的过程都可以被叫作数字化。<sup>⊖</sup>

如果没有一点信息技术背景的人看到这段描述，会认为这是一段根本就不想让普通人理解的文字，进而会产生一种好像被世界抛弃的感受——数字世界必然会到来，而我们连数字化究竟是什么都没办法搞清楚，焦虑自然是难免的。

但事实上，你根本无须为此烦恼。数字化是一种简单的过程，你可以这样想象：有无数的"搬运工"，不分日夜、不辞辛劳地把我们所处的这个世界的各种信息，搬到另外一个被称为"数字世界"的时空中去。而且，这群"搬运工"有"丢三落四"的习惯，他们只搬运那些他们认为重要的东西，而不是"全盘皆取"。你一

---

⊖ 李福东. 到底什么是数字化？一文科普数字化相关的九个概念 [EB/OL].（2022-09-13）[2023-10-23]. https://zhuanlan.zhihu.com/p/466897712.

定看过毕加索的名画《牛》，类似地，他们搬运的，仅仅是画家笔下最精简的框架，而不是全部细节。

这群"搬运工"被称为传感器，它们"丢三落四"的搬运过程被称为"采样"，而数字世界其实就是经"搬运工"处理的以"0"和"1"两个数字构成的世界。

简单来说，数字化就是传感器对模拟信息进行采样后，转化为"0"和"1"格式的数据。数字世界，就是由一串串"0"和"1"构成的世界。

你可能会觉得奇怪，为什么这么一种"丢三落四"的搬运过程，却能引发世界如此大的变化？从上面关于数字化的解释来看，其实这一过程丢掉了大部分的细节信息，仅仅捕捉了世界的框架，但为什么相比于几十年前，我们现在反而有了信息爆炸的感受呢？

原因很简单：世界的信息量太大，以至于大脑没办法有效地搜集、传输、存储、分析、解读这些信息，所以大脑部分地忽视了这些信息，认为它们根本没出现过。反观数字化的过程，把大量信息的框架采样，便于有效地搜集、传输、存储、分析、解读信息框架，这才让信息进入了人们的视野，引发了人们的关注，以至于让人们有了信息爆炸的感受。

此外，计算机会代替人们对这些信息进行分析和解读，同时，在收到信息框架后，计算机会自动"脑补"出丰富的细节，然后将信息所要表达的内容交付给人们感知：我们面前的电子屏幕上的图像越来越清晰；我们从位于千山万水之外的服务器上下载的音乐的保真度越来越高；导航系统标注的位置信息越来越精确；人工智能越来越"聪明"……

　　未来是"数字的时代"。科幻小说中所描述的"平行宇宙"是否真的存在，还有很大的争议，但没人会怀疑，未来，在一个自然状态下的世界之外，还会有一个"数字的世界"。这个新世界正在构建中，而且进展迅速，我们已经身处其中。我们也已感受到了数字化最基础的一种应用：互联网技术⊖给这个世界带来的变化。

　　未来，数字化将毫无疑问地带来更多的变化。

## 第二节　数字化给商业实践带来了底层逻辑方面的变化

　　托马斯·库恩（Thomas Kuhn）⊖让"范式"一词成了目前世界上最流行的词语之一，同时也把他自己从物理学者变成了世界上备受推崇的科学哲学家。范式这个词，是对一系列从上到下复杂系统的定义。构成范式的要素至少包括事物存在的底层哲学逻辑、方法论、模型、表现形式、概念和实践。范式的改变，意味着某类型或者学科存在基础的整体转变。

　　管理学者和企业家将这一原本属于科学学科的概念引申到商

---

⊖　互联网技术的出现基于数字化，涉及计算机网络、通信协议、数据传输、信息处理和存储等方面。数字化还有其他多种类型的应用有待开发。

⊜　托马斯·库恩，美国科学史学家、科学哲学家。库恩在其划时代著作《科学革命的结构》一书中提出"范式"这一概念，后得到广泛引用。

业世界中，用来描述数字化、互联网给商业社会带来的从底层逻辑到实践的总体变化。这竟然毫无违和感。

经历了互联网时代的人们，很难不发现商业范式已经发生了彻底的改变。以往的商业，总是以谋利为基本原则的。谋利的方式更多的是低价获取货物，高价出售它们，然后赚取其中的差价。就算是没有实物交易的金融行业，也是借用利息这一盈利载体，"低价"吸收存款后用更高的利息给有资金需求的人提供贷款，凭借赚取息差来谋利。

差价是商业逻辑中最重要的概念，它曾指挥着几乎全部的商业实践，而互联网技术的到来，让"免费"成了商业模式的一种。既然是"免费"的，自然就没有差价，这让依赖传统商业思维行事的人一度大为不解。

跨越政商两界的梅格·惠特曼曾被评为世界上最具商业头脑的女性。她是有迪士尼副总裁、惠普 CEO 任职经历，竞选过州长，还担任过美国驻肯尼亚大使的高知女性。在带领世界著名电子商务公司 eBay 进入中国市场时，她曾对阿里巴巴主张的"免费战略"十分不屑，公开指责。她认为，"免费"不是商业模式。然而，没想到坚持实行"免费战略"的阿里巴巴，最后却让 eBay 在中国巨大的电子商务市场中，面对快速攀升的消费能力时，毫无立锥之地。

由此可见，当商业范式转变的时候，就算身处其中，如果不对底层逻辑进行深刻的思考，依然无法洞察新的商业范式——就如梅格·惠特曼。虽然如今人人都知道为什么当初阿里巴巴会坚定地采取"免费战略",为什么大量的互联网公司会不但主张"免费",还会出钱补贴用户(以求后续的盈利),但"事后诸葛亮"是不能帮助任何人在商业上获得成功的。现在的阿里巴巴,已经成了名副其实的"交易高速公路"的"收费站"了。

因此,对新范式背后的底层逻辑进行事前分析,我们才能理解未来的商业世界中什么样的模式会大行其道。明白了这一点,我们才能在其他人尚未觉醒之时,发现自己企业应该坚持不懈的战略,并将其执行到底。互联网只是数字化的开端,它仅仅解决了数字信息即时传播的问题,也就是通信问题,就已经引发了商业世界如此巨大的变化。在可见的未来中,网速会越来越快,人工智能会越来越"聪明",算力会越来越强大、越来越廉价,⊖数字孪生、智能微尘、化学型传感器等方面的所有正在萌发的新兴技术,正在快速地织就一张数字化生态的大网。这张网将给商业世界带来何种变化,我们还无法精准地预测具体细节,但从底层思维方面去理解商业范式的转变,却有路可循。

为了帮助商业人士理解数字化这一漫长且不可抵挡的过程中商业范式的转变,我梳理了数字时代制定企业战略需依据的九大思维⊜,基于此得出数字时代中企业战略的底层逻辑框架。依托这一框架,商业人士可以尽可能地提前洞察自己企业的战略方向。

在全面介绍九大思维之前,我们先要从宏观上分析一下未来

---

⊖ 2023 年 3 月,英伟达发布了专为大型语言模型(ChatGPT 等)进行优化的加速计算卡 H100 NVL,其算力速度是前旗舰产品 A100 的 10 倍。

⊜ 源于我的版权课程"数字时代战略的九大思维"。

的商业底层逻辑。

我认为，数字化的推进，已给商业环境带来了以下一些根本性的变化。

第一，数字化促生了新的商业模式。

未来，新的商业模式借助技术创新的成果将会极大地丰富。企业需要逐步舍弃"提供产品$^{\ominus}$赚取差价"的逻辑，转而关注客户$^{\ominus}$使用产品的体验与感受，将产品模式转变为服务模式。

产品销售将成为企业边缘化的利润来源，而服务水平的提升，对客户应用产品的场景和体验的洞察，并据此为客户提供具有极高价值的整体解决方案，强调价值而非价格，将成为企业新的商业模式的核心。

此外，我们还应该看到，在传统的商业环境中，我们没有办法运用简单高效的办法来实施大规模的市场推广活动。今天，很多人已经知道，只要接通网络，理论上一家企业可以为全世界的客户服务，这意味着企业管理者要具备全球视角。一种产品在成熟的商业环境里已经面临淘汰，但在较落后的地区可能会焕发新的活力——企业可以利用数字化技术，扩展自己的市场覆盖范围。

扩展还可体现为对分散的团队进行管理和协同。一个地理位

---

㊀ 在本书中，如无特别说明，"产品"均指传统意义上的"产品和服务"。

㊁ 在本书中，关于"客户"这一概念有三点需要说明。其一，从狭义上来讲，"客户"指购买产品的最终客户（买方客户），包含 B 端的企业客户和 C 端的消费者。如无特别注明，"客户"一词在本书中都指代最终客户。其二，在本书部分涉及 C 端的案例和表述中，会使用"消费者"来与 B 端的企业客户做出区分。其三，部分表述中的"客户"指企业的利益相关者，这涉及广义上的客户概念。

置处于纽约、班加罗尔、东京的团队与中国某一地的团队互动协同，共同完成一个项目并不是什么天方夜谭，而是目前正在实施的团队治理举措。

商业模式强调的是利益相关者的交易模式。[一]团队、供应商、合作伙伴、客户、股东等所有和企业利益相关的角色都是商业模式要关注的对象。这意味着，基于数字化的进一步发展，大规模的团队协同，将为企业引入更多创意，但也意味着企业要有面向多元文化的融合能力。这就要求企业彻底深刻理解："人"在企业的发展当中究竟扮演何种角色。如果"人"仅仅被当作一种资源（人力资源），那么，多元文化就不会受到尊重，自然也就很难融合。

上述问题，都跟九大思维有着紧密的关系，我们会在第二部分详谈。

第二，数字化重塑了行业价值边界，行业价值链变成了价值网。

数字化给商业环境带来的范式方面的第二大变化是行业价值边界的变化。什么是价值边界？受到亚当·斯密的分工理论[二]以及大卫·李嘉图的比较优势理论[三]多年潜移默化的熏陶，今天的商业人士很容易形成一种观点，"我的企业就是做某某行业的"。试想，

---

[一]　魏炜，朱武祥.发现商业模式[M].北京：机械工业出版社，2009.

[二]　斯密.国富论[M].唐日松，等译.北京：华夏出版社，2005.

[三]　李嘉图.政治经济学及赋税原理[M].郭大力，王亚南，译.北京：商务印书馆，1962.

一群不同行业的商业人士举办聚会，大家介绍自己的方式几乎必然是"我是某某，从事某某行业，服务某某客户"。然后根据上述信息自我分类，最终形成数个不同行业的小群体进一步交流。每个人都对别人的行业不太感兴趣，更谈不上熟悉，大家只关心自己企业所处行业的上下游的信息。某个行业只能提供单一的市场和客户价值，不同行业的市场价值的边缘十分清晰，价值边界就是指这些清晰的行业价值分区的边缘。

迈克尔·波特⊖是经济学博士，他曾立足于商业的行业价值链形式，提出了举世闻名的"波特五力模型"。

数字时代，行业的边界越来越模糊。举例来说，网约车平台公司滴滴，到底属于哪个行业？按照以往的行业划分，滴滴应该属于科技公司，但它所争夺的却是出租车市场；人工智能公司OpenAI应该是软硬件结合的科技公司，但它的产品ChatGPT却有巨大的潜力去取代搜索引擎平台；2018年以前，携程没有一家自己的酒店，却是酒店业当中规模巨大的平台公司；海尔本来是家电公司，却为了满足消费者的需求，卖起了烤鸭胚⊜……行业的边界越来越模糊，不同公司之间的业务关系由原来的上下游式的链条模式切换到网络模式——谁也说不清自己到底属于哪个行业。

在实际工作中，当我遇到不同的数字科技企业的创始人或高

---

⊖ 迈克尔·波特，哈佛商学院教授，著有《竞争战略》《竞争优势》《国家竞争优势》等。

⊜ 中国家电网. 海尔食联网生态落地再提速，片制烤鸭上线1周卖出2万份［EB/OL］.（2021-08-16）［2023-08-12］.https://finance.sina.com.cn/tech/2021-08-16/doc-ikqciyzm1789188.shtml.

管，请教他们的企业到底属于什么行业时，得到的答复经常是：
"我们是为客户服务这一行业的！"这个答案虽然用格式化的思维
去理解有点无厘头，但掷地有声！"客户需要什么，我们就提供什
么！我们所在的行业就是为我们的客户解决问题！"

梁漱溟[⊖]先生对自己的人生下了一个定义，他说自己是"问
题中人"，一切经历皆为"解决问题"这一主旨。可以说，如今，
很多企业在不知不觉中继承了梁先生的衣钵："我们是'问题中企
业'，客户有什么问题，我们来解决。"

一旦企业确定了自己是"问题中企业"，那么原本的竞争格局
就会发生变化。以客户问题为中心的思维方式，会让原本处于竞
争关系中的企业在解决某些问题时变成合作伙伴。这种现象在数
字时代中频繁出现，以至于迈克尔·波特"不得不经常大声疾呼
竞争依然存在"，以对抗人们对他的理论的质疑。事实上，从零和
博弈转向共赢博弈的呼声似乎更大。大家呼唤共赢博弈，共赢的
思想深入人心！

第三，数字化凸显了经营行为中的信息要素。

前面，我把数字化的过程比喻成"丢三落四"的搬运过程。
得益于这些"搬运工"的"丢三落四"，世界中丰富的信息可以以
数字的形式被搜集、传输、存储、分析和解读，而不是被人们抛
之脑后。

这种情况的发生也启发我们从更加本质的层面看待经营行为：

---

⊖ 梁漱溟，中国著名的思想家、哲学家、教育家、社会活动家、爱国人士，现
　代新儒家的早期代表人物之一，有"中国最后一位大儒家"之称。

在某种层面上，我们日常工作的主要内容就是对信息进行处理。比如，销售人员拜访客户，实际上是为了获得客户使用产品相关的信息，如客户对产品价格的意见、对产品改进的意见等，然后将这些信息反馈给公司的内部团队，内部团队根据这些反馈信息，调动并整合各个部门的成员和资源以促成让客户满意的迭代，从而获得更多的订单。

数字化最大的功能之一就是凸显了经营行为中的信息要素。信息获取，变得低廉和快速。在此基础上，将数据交于计算机进行分析，就非常容易得出能让企业获益的方案。这意味着信息资源的价值在企业中得到大幅度提升。同时，这要求企业的商业分析人士有能力从信息当中获取有利于企业经营的知识和智慧。这意味着，智力资源的价值在企业中也会相应地得到大幅度提升。

要成功运用数字化技术提升商业效率，需要企业管理者在思维方式方面升级，深刻领悟企业中的价值要素由物理类、资源类转化到信息和智慧之后，该如何就此制定新的战略和经营方案。

第四，数字化带来了分布式协同（联结 – 沟通 – 协同 – 共享）。

基于数字化的互联网应用带来的一个巨大变化是可以让身处世界各地的人实现"联结 – 沟通 – 协同 – 共享"，从而完成之前被定义为"不可思议的工作"。维基百科⊖、Linux 操作系统等的出现，

---

⊖　1768 年，《不列颠百科全书》第 1 卷问世，后来，该丛书成为世界上最知名也是最权威的百科全书之一。2012 年 3 月 13 日，所属公司宣布停止此丛书印刷版的发行，内容全面数字化。有人认为，正是维基百科的迅速成长促成了这一结果。

就是源于这八个字。一群人在同一个网站上，不为利益驱动，自动达成合作，完成一项复杂而具有全球价值的工作，这在数字时代之前是难以想象的。

企业应该注意到这个现象，在数字化后续的过程中，挖掘出与客户、非客户以及更多陌生人之间的"联结 – 沟通 – 协同 – 共享"。当企业试图推出一款产品时，设计思想可以来自互联网上的陌生人，性能缺点的测试与反馈也可以来自远在地球另一侧的陌生人。在客户对行业的投诉和抱怨当中，隐含着能使企业获得巨大发展的客户智力资本。

第五，数字化带来了全新的商业范式（强调价值贡献而非竞争，强调创新而非稳定守旧）。

数字化带来了全新的商业范式。从商业模式到行业价值边界，再到信息要素的凸显和分布式协同呈现的强大威力，商业范式已然发生改变。但仍有人拒绝承认改变：甚至在互联网成了商业、社会发展的基础设施之后，仍有传统商业人士认为电子商务网站、补贴消费者的互联网平台不过是玩了"盈利模式后置"的促销把戏，即认为这和餐厅推出新菜后的免费试吃以及新产品的免费试用没有什么区别。

但实际上，从企业战略的层面上看，你会发现商业范式正在快速地从强调竞争转向强调价值贡献，从强调稳定守旧转向强调创新。立足于这一视角，你很容易理解为何有些传统商业人士对电子商务网站有错误的认知——实际上是因为他们还是站在自己的立场和角度来思考问题。这是思维局限性造成的"只见树木，不见森林"。若是换个视角，比如从消费者的角度来看，电子商务网站创造的价值就是"在家里动动手，好吃的、好玩的、漂亮衣服就送上门了"。

类似范式的转变，绝不仅仅是促销把戏。促销把戏的特征是一旦停止促销，生意就会降温，而互联网平台的补贴会使人们养成新的消费以及购物习惯，补贴停止也不会改变太多。

因此，我们需要彻底转变思维方式，形成"既见树木，又见森林"的能力，这样才能在未来持续快速变化的世界当中获得事业上和商业上的成功。

在这个过程中，九大思维一定会给你带来巨大的帮助。不过，我还需要你稍微保持点耐心，在正式介绍九大思维之前，我们还有一个深刻的问题需要分析清楚：为什么说企业的经营实际上就是在处理信息？带着对这一问题的认知，我们才能理解为什么九大思维是数字时代企业制定战略的核心思维。

# 第二章

# 经营的核心是对有效信息的甄别和利用

## 第一节 为什么说经营的核心是对信息的处理

达喀尔拉力赛<sup>⊖</sup>以其赛程的不确定性和刺激性，加之对赛车手是否为职业选手并无限制，广受欢迎，吸引着全球的观众和广告赞助商。1977 年，蒂埃里·萨宾在沙漠中迷了路，无意间发现了一个很适合进行拉力赛的地方，于是他于翌年创办了该项赛事。由于政治、军事等方面的原因，比赛路线常常更改。

赛车手们从起点开始，选择前行路径，整个过程中会遭遇不同的路况以及天气。赛车手驾驶着自己的赛车，通过对外界环境和路况的观察做出判断，决定在什么地方加油、刹车、转弯，还需要判断该如何采用不同的驾驶技术，以便快速并安全地冲过终

---

⊖ 达喀尔拉力赛是世界级的越野拉力赛，1978 年由蒂埃里·萨宾创办。

点线。赛车手的"操作命令",要在车辆系统中传递,并交由发动机、传动、转向等子系统执行。

当然,整个过程少不了对赛车性能的挖掘和理解。在竞争水平不高的时候,优秀的赛车手可以驾驶着性能较低的赛车超越一般的赛车手驾驶的性能较高的赛车赢得冠军。一旦竞争水平提高,赛车的性能高低对成败的影响陡增。

本质上,企业经营和越野赛车具有相似性。

表面看,企业是非常复杂的系统。从企业的战略出发点开始,到愿景层级的、阶段性的战略目标选择,再到达成目标的路径和方式以及战略牵引之下的组织发展战略、组织文化建设、技术战略、产品战略、资本战略、战略的管理和执行等要素,诸多战略节点和节点之间的关系,构成了一套完整的战略体系。确保这一体系能够正常工作的,正是企业对内外各个环节所产生的信息的搜集、分析和响应。

如果能对所获信息进行筛选、分析并据此决策,公司的战略体系就能够符合宏观环境的发展趋势并满足客户的需求,企业将获得巨大的成功;反之,则会被市场淘汰。赛车手就像企业的高管,他们需要根据企业外部的环境信息、组织能力信息、路径选择信息、技术路线信息等做出判断并选择匹配不同状况的操作技巧,以求尽快冲过终点线,安全抵达目的地。由此可见,本质上,企业的经营其实就是在处理各种相关信息。

中西方管理思想对信息的重要性是具有共识的。早在汉朝创立时期,刘邦攻入咸阳城后,萧何第一时间搜集秦朝统治者遗留的地图图册、户籍簿和法律文书等，并分门别类地进行整理。在我看来，这一行为奠定了大汉王朝 400 多年的辉煌历史。西方管理学所强调的定量研究，就是基于对信息的处理而展开的。

基于图 2-1，我们很容易理解企业经营过程中的信息流和它们起到的作用。

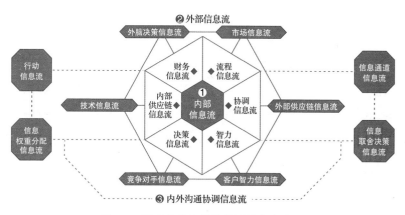

图 2-1 影响企业经营的关键信息流总图

如图 2-1 所示，影响企业经营的关键信息流可以被分为三大类。第一类就是内部信息流，它是确保整个企业能够响应管理者战略指令的核心。如果相关信息的传输在企业内部遇到阻滞甚至丢失，就像赛车的油门坏了，无论高管团队怎么给团队"加油"，"车速"也无法加快。第二类影响企业发展的关键信息流源于企业外部，外部信息流展现了企业经营的外部宏观环境和时代特点。海尔董事局名誉主席张瑞敏曾说："没有成功的企业，只有时代的企业。"这一具备高纬度洞察力的判断，道出了外部环境、时代特色对企业发展的影响。正如拉力赛举办时的气候和路况，万里晴空和倾盆大雨对于赛车手驾驶技术的要求肯定是不同的。第三类信息流，亦对企业的发展至关重要。这类信息流横亘在内部信息流和外部信息流之间，搭建起内外沟通、协同的"桥梁"。唯有通过这座"桥梁"，"赛车手"才可以根据对外部环境和内部能力的判断，做出决策，采取契合真实情况的行动，从而实现"最快速、最安全地达到终点"这一目的。

这三类信息流构成了企业经营的信息系统。企业的决策者可以依赖这套系统所提供的信息以及对信息分析处理的结果做出决策。如果该信息系统能够在企业经营的过程中逐渐建立，就会以"7×24小时，365天无休"的方式帮助企业管理者，为其提供决策依据。《哈佛商业评论》曾经多次发文，强调快速决策在不确定性环境中的重要性。<sup>⊖</sup>这些文章甚至认为企业的管理者能否快速决策与能否高质量决策相比，前者对企业的发展更具有决定性意义。

如果我们能将数字化信息系统融入决策当中，更有可能发生的是，一些能有效利用信息系统的企业，既能快速决策，又能保证高质量决策。这或是数字时代商业中马太效应的来源之一。

既然如此，对影响企业经营的关键信息流进行深入的分析，就是能提高企业竞争力的关键工作之一。究竟是哪些信息流与企业经营相关呢？

---

⊖ 例如2017年《哈佛商业评论》增刊刊发的文章《聪明人如何做决策》。

## 内部信息流

内部信息流包括六个子信息流。

### 1. 决策信息流

企业内部的决策信息流，不仅仅指企业高层做出决策后，信息由高层向下传递的信息流向。事实上，决策信息流至少还包括下级员工对高层决策的判断和理解，平级同事之间对决策的判断和理解，一线员工在日常工作中的行为决策对企业使命、愿景、价值观以及战略的影响。假设一家企业向外界公开承诺，企业的价值观是把客户放在第一位，但当一线员工遇到客户利益和企业利益发生冲突时，总是拿着"企业规定""三包规定""上级要求"这样的话术和相关行为来保护企业利益，对客户利益不管不顾，那么这样的行为决策会对企业的使命、愿景、价值观产生毁灭性打击。而如果该企业的战略目标、战略定位同时立足于"成为客户心目中的第一选择"，那么战略上的失败，并不是那么难以预测的。

决策信息流，是一家企业内部每个成员的决策信息汇总。无论是在从上到下、从下到上的垂直方向上，还是在同一层级的水平方向上，每个人的决策都会对企业的战略产生重大影响。因此，对企业内部决策信息流的系统性关注，是数字化和数据决策理念最大的价值贡献。

## 2. 智力信息流

从道格拉斯·麦格雷戈<sup>⊖</sup>的 X-Y 理论<sup>⊜</sup>开始，企业管理者逐步认识到在自己的企业内部存在大量被浪费的智力。麦格雷戈发现，员工会往往被看成企业的成本中心，并且一般员工会被管理层认为是懒惰、麻木、偷奸耍滑的。但事实上，还有另外一种可能，员工本身有独立思考能力，有自身的追求，亦是有创意、有想法、有智慧且对自己热爱的工作是积极主动的——只不过企业糟糕的管理制度和行政体系，让员工变得对工作心不在焉。

后续的组织研究者，例如克里斯·阿吉里斯<sup>⊜</sup>、詹姆斯·马奇<sup>⊗</sup>、彼得·德鲁克<sup>⊛</sup>、埃德加·沙因<sup>⊗</sup>、野中郁次郎<sup>⊕</sup>、托马斯·斯图

---

⊖ 道格拉斯·麦格雷戈：美国著名的行为科学家，人性假设理论创始人，管理理论的奠基人之一，人际关系学派最具影响力的思想家之一。

⊜ 道格拉斯·麦格雷戈在《企业的人性面》中提出了著名的 X-Y 理论。其中，X 理论认为：多数人天生懒惰，尽一切可能逃避工作；多数人没有抱负，宁愿被管理者批评，怕负责任，视个人安全高于一切；对多数人必须采取强迫命令，实施软硬兼施的管理措施。Y 理论的看法则相反：一般人并不天生厌恶工作，多数人愿意对工作负责，并有相当程度的想象力和创造才能；控制和惩罚不是使人实现企业目标的唯一办法；可以通过满足员工对感情的需要、尊重的需要和自我实现的需要，使员工和企业目标融合一致，达到提高生产率的目的。

⊜ 克里斯·阿吉里斯：组织心理学与行为科学的先驱，被誉为"学习型组织之父"。

⊗ 詹姆斯·马奇：名副其实的多领域管理大师，组织决策研究领域最有贡献的学者之一。

⊛ 彼得·德鲁克：享誉全球的管理大师。

⊗ 埃德加·沙因：企业文化与组织心理学领域的开创者和奠基人，被誉为"企业文化理论之父"。

⊕ 野中郁次郎：日本组织学研究专家，被誉为"知识创造理论之父"。

尔特<sup>⊖</sup>等都发现在所有组织中皆有被浪费的智力资源。恰恰，在新时代中，企业内部的智力资源是一家企业最宝贵的财富。

数字时代的到来，强化了对员工智慧特别是年轻员工智慧深度挖掘的需求。一家企业里的年轻员工是数字时代的"原住民"，他们对于数字时代的看法，比起被迫进入这一时代的年长者，更有建设性意义。如果一家企业能够将年长者的经验和年轻员工的创意结合起来，将在数字时代获得巨大的成功。

因此，关注企业内部的智力信息流，从中获得企业创新的方向，构建第二、第三曲线，是数字时代中企业要面对的重大关键问题。

### 3. 协调信息流

如果你把企业经营看成一个整体，就知道这一整体之中的各个部门在当下越来越需要协调能力。例如，研发部门如果埋头工作而置市场团队反馈的信息于不顾，大量的研发费用和时间就会被浪费在"工程师单纯的技术梦想"之上。因此，各个部门都需要基于协调信息流进行高效配合，如此才能让企业战略执行高效。

### 4. 流程信息流

那些走向成功的企业，在整个企业生命周期中，必然会有一个经过实践检验而形成内部流程的过程。企业将依赖从早期经营中总结出来的流程，大批量快速产出客户群体需要的产品，形成

---

⊖ 托马斯·斯图尔特：曾为《哈佛商业评论》的主编。

成本和效率优势，这样才能在市场中稳定获利。从某种意义上来说，成熟企业和创业企业之间的区别，就在于企业内部是否有这样稳定的价值创造流程——创业企业研究客户需求，启动产品的研发，将产品投入市场，搜集反馈，迭代内部流程并找到能持续高效为客户创造价值的赛道。

因此，简单来说，创业就是"创流程"，所有创业的努力就是为了获得能持续高效为客户创造价值的流程。这是任何一家创业企业在变成大企业过程中不可绕开的"山丘"。

从某种意义上来看，一家创业企业能否变成成熟企业，就看它能否越过这一"山丘"。在能获得持续的订单之前，创业企业需要灵活的内部流程，敏捷地调整企业内部的工作，以响应市场的快速变化，直到客户的订单源源不断。接下来，管理者的任务则会变成把内部流程固定下来，提高工作的执行效率。如果创业企业能做到这一点，将成长为成熟企业，在市场上稳定获利。否则，则会因为激烈的竞争被打回原形。

内部的流程信息流所关注的是企业能否保证确定的流程得到快速执行，毫无阻滞。而所谓创业，实际上就是在寻找和创造"能满足市场需求的内部流程"。

当然，随着竞争强度激增，企业内部既要有流程固定的业务板块助力企业从市场中获利，又要有"创流程"的创新部门来为企业未来的增长提供新思路。

今时今日的流程信息流，应该关注"效率稳定提升"和"内部创新活跃"两个维度。以创新能力闻名于世的企业 3M<sup>⊖</sup>为例，在企业内部，负责创新的团队几乎不存在什么工作流程，创新者可以说没有上级，他们不仅可以独立地对自己的新想法进行研究，还可以在其他部门里面按照项目要求寻找相应的专家组队——固定流程几乎没有，"任意妄为"备受鼓励。可一旦推出了某个新产品的原型，成果立即会被置于固定的规范流程，以最高效率来生产、销售并实施专利保护、品牌保护。这种从"没有流程"到"固定流程"的快速切换，让 3M 从不会浪费任何一项创新成果。正因为如此，我们才看到 3M 让人眼花缭乱、新产品层出不穷的产品体系，这同时保障了 3M 世界 500 强的"江湖地位"。

### 5. 财务信息流

现金流是企业经营和管理的"血液系统"。一家企业里，各个部门需要多少资金，什么时候要，收入在何时实现，资金投入会产生何种规模的收入，是全面预算管理的核心关注点。全面预算管理是战略执行落地、给企业带来效益的核心。

同时，我们应该看到企业内部的战略取舍也和全面预算管理极其相关。有些创新项目，比如波士顿动力机器人、ChatGPT 需要长期的投资，同时管理者毫无办法去预测其收入何时实现、规模如何。在这样的情况下，企业到底会不会投入资金和资源来支持某个创新项目，与企业的财务管理水平极其相关。如果财务部

---

⊖　3M，成立于 1902 年，公司全称为明尼苏达矿业及机器制造公司，是起源于美国的世界知名的多元化科技创新企业。

门能够理解创新项目，并能有效地构建融资渠道，企业可能并不会因为收入的模糊性而放弃对长远收益项目的投资。

财务信息流实际上是企业"血液循环"效率、"造血功能"、资金流向管控、项目制约和促进的决策基础。

### 6. 内部供应链信息流

或许，很多人并未意识到企业内部存在微小的供应链系统。如果企业是产品制造商，内部供应链系统的存在显而易见。相反，如果企业是服务或知识性产品提供商，内部供应链系统的存在就没那么容易被察觉了。举例来说，在一家软件公司中，极有可能开发团队正在重新开发一个具有固定功能的子程序，但其实这个子程序已经在企业的计算机里了——"重新发明轮子"的低效闹剧，在企业中时时刻刻都在上演。

如果企业能够对内部供应链信息流予以关注，就会大幅提升管理效率，避免巨大的浪费。

## 外部信息流

与企业经营相关的外部信息流也可以分为六类。从图 2-1 中你可以看到，它们分别是：外脑决策信息流、技术信息流、竞争对手信息流、客户智力信息流、外部供应链信息流和市场信息流。

### 1. 外脑决策信息流

社会分工的进一步细化，让很多具有丰富企业经营经验的人

（如企业教练、培训师、咨询顾问等角色）成为企业经营发展的外脑。他们为企业的发展提供建议，影响企业管理者的决策。这些建议构成了外脑决策信息流。

## 2. 技术信息流

技术对商业决策的影响力早已达到不可忽视的地步。与企业经营相关的技术会对企业发展有巨大的影响。企业需要关注与自身相关的基础技术信息，从而获得采用新兴技术提高经营效率或者开展创新的能力。

## 3. 竞争对手信息流

任何企业都应给予竞争对手一定程度的关注。获取竞争对手的信息，了解竞争动态，是企业管理者必须做的工作。有关竞争对手的信息，会影响企业的决策。

## 4. 客户智力信息流

客户智力信息流包括客户对产品的评价、使用产品过程中遇到的麻烦以及他们对产品的期待等信息。企业需要对这些信息予以关注，有时客户对产品的抱怨以及不满能为企业的创新活动提供方向。

## 5. 外部供应链信息流

与内部供应链信息流类似，外部供应链信息流包含产品在企业外部供应链中有关的所有信息。

### 6. 市场信息流

对市场信息保持敏感，是企业必须具备的能力。市场信息流涉及产品定价策略、客户需求变化、新客户开发等关键信息。

如果你对内部信息流有了全面的了解，反过来再看外部信息流，就能充分意识到它对企业经营的价值和意义。值得注意的是，这里所说的"技术信息流"强调的不是产品本身所包含的技术，而是基础技术变化（如互联网、移动互联网、人工智能、数字化等方面的技术变化）对企业经营的影响。

## 内外沟通协调信息流

内外沟通协调信息流承担着企业内外信息联动的控制功能。在信息爆炸的时代，不是所有的信息都能对企业经营产生影响，很多信息可能是冗余的，甚至某些信息根本就是来自竞争对手的战略威胁和干扰。因此，哪些外部信息可以被允许进入内部分析体系，是需要经过分析和取舍的。同理，企业内部也要有选择地与外部进行联系。特别是采用平台战略的企业，必须对平台的上下游企业公布自身的核心内部信息，以求所有的利益相关者都能够按照平台计划参与其中。

所以，除了企业内部、外部信息流之外，内外沟通协调信息流也至关重要。它是由信息取舍决策信息流、信息权重分配信息流、信息通道信息流和行动信息流构成的系统。

（1）信息取舍决策信息流中的信息是元信息，这意味着要基于它们决定哪些信息对企业有用，哪些无用。它们是信息背后的信息。

（2）信息权重分配信息流则负责决定某条信息对企业经营的重要性。例如，一位跨行业的关键意见领袖（KOL）对行业做出的判断和一位行业内龙头企业的创始人对行业做出的判断，显然对企业决策有不同的权重价值。很多人会默认后者对行业做出的判断的信息权重更大。但实际上，在数字时代，企业要谨慎地为外部信息分配权重，而不是接受"默认设置"。有的时候，创新的主张就在"外行"的抱怨中。

（3）信息通道分配也形成了自己专门的信息流——信息通道信息流。它控制着企业该从什么渠道获得何种信息，并凭信息获取渠道的不同而对其可信度进行评估。网络传言和权威机构的信息披露肯定具有完全不同的可信度。此外，信息通道也决定了企业选择什么渠道向外发布内部信息。渠道不同可能会取得完全不同的效果。

（4）所谓行动信息流就是标注企业在处理某条信息上已经采取了什么行动。它为各种内外部交互信息贴上"等待""在处理""已处理""处理过程""处理结论"等标签，提高信息处理效率。

如果你觉得上述内容很难理解也没关系，但它们足以提醒你，要在企业内安排一个信息部门和一个首席信息官职位，这样才能应对数字化的未来。

综上所述，我们立即可以得出这样的结论："企业经营工作在本质上就是对信息的处理工作。"在所有与经营相关的信息被数字化后，我们就可以更加有效地筛选、存储、分析、解读甚至采用自动化、智能化的分析手段，进而得出能不断适应当下和未来变化的决策。

从这个层面上来看，数字化将对所有行业、所有社会、所有国家产生巨大的影响，包括对现有经济方式和经营方式的效率优化以及促进产生新的经济方式。

没有人能阻挡这一趋势。

## 第二节　信息格式的变化，需要全新的战略思维

人们现在并没有确定到底是该对数字化过程中那些"丢三落四"的"搬运工"的工作充满感激之情，还是要对其产生困惑和恐惧。事实上，无论人们如何以及是否理解"搬运工"的行为将带来的结果，它们都在埋头苦干，不断更深、更广地将信息搬运到数字世界。

你可能在相当长的一段时间里完全感受不到有任何变化。可一旦数字化进展到某种程度时，其威力就会显现，并非所有人都能适应这种变化。原因是，信息格式的变化需要我们将自己的思维从线性调整到网络性，从因果性升级到相关性，从简单模式切换到复杂模式，从确定性进化到变易性。

之前，人们认为事情是线性连续发展的，而事实上，随着我们对规模庞大的数字信息进行分析，却发现影响一件事的最终结

果的，其实是一个网络状系统。每个人、每件事都处在一张网络中。在网络中，很多要素相互之间有着或易见或难被察觉的关系。一件事的最终结果受到这些关系和关系变动带来的深刻影响。之前，我们倾向于认为万事皆有因果。种什么因，得什么果，曾经是人类最朴实的价值观。一旦我们将自己对因果关系的执着，放在数字化的信息"长河"中浸泡一下，就会很容易发现，因果逻辑被稀释、冲散，无处可见。相关性成了新的解释：事情之所以会朝着某个方向去发展，可能完全是因为一个"无因果却相关"的要素产生了变化。原本，我们认为任何事物都有简单的处理方法，行业的高手就是能从复杂的局面中找到简单的解决方案。可实际情况是，随着技术创新的成果构成了一个繁茂的生态系统，要想在商业或者其他任何领域中获得成功都变得越来越困难、复杂。

以往，我们曾认为任何事情都是确定的，就像早上太阳一定会升起，努力一定会有回报。但事实上，亚马孙丛林中一只蝴蝶扇动了一下翅膀，北美大陆却可能因此刮起龙卷风。数字化所带来的变易性就像你在组装一架飞机时，发现所有的零件都变形了一样，原来的图纸不再起作用，你必须能够随机应变。

表面看上去，数字化只是转化了一下信息的格式，但这带来的却是完全不同的世界。想要应对这个世界，人类必须把思维从由线性、因果性、简单模式、确定性构成的旧维度，升级到由网络性、相关性、复杂模式、变易性构成的新维度。只有这样，我们才能在不可抵挡的数字化浪潮中成为成就最高的"潮头引领者"。

思维升级的需求无处不在、无时不在，而具体到企业战略制定这一工作时，显然，我们也要用新的思维来完成它。我常常和企业家们说："我们今天制定的战略，一定要在它被执行时的那个世界里面起作用，而不是在我们制定它的时候起作用。"这句话背后有一个基本假设：世界变化太快，如果企业战略没有一定的前瞻性，很快就会过时。

企业家该如何获取战略制定的前瞻性呢？答案就是以最符合时代的思维来制定企业战略。任何方案、方法论、行为模式都是思维的产物，只有我们找到了能适应数字时代的"新思维"，才能获得在这个时代起作用的战略。那什么才是符合数字时代要求的"新思维"呢？带着这一问题，我在工作、求学、读书、演讲、访谈等各种各样的活动中，足足寻觅了近20年。经过反复地筛选、实践、检验和重构，我认为以下九大思维是数字时代中战略制定的核心思维，即所谓的"新思维"。它们分别是：解决方案思维、客户任务思维、价值思维、终局思维、反脆弱思维、流量思维、共赢思维、智力资本思维和网络外部性思维。

你可以从两个不同的视角来学习和理解上述九大思维。

第一，从企业外部视角来看，解决方案思维、客户任务思维和价值思维构成一个思维体系。它们指导企业在制定战略时，如何安排那些"影响企业发展的外因"的方法论要素。有时，管理者过于关注企业内部信息。他们的大部分精力都放在优化内部流程、提升管理和生产效率、优化组织架构、招募优秀人才这类内部经营事项上。特别是度过了创业期、生存期而进入稳定发展期的企业，尤为关注内部能力。此刻，客户是确定的，订单是增长的，只要内部效率提升，成本降低，企业就能在扩大规模的同时获得更丰厚的利润。现如今，外部变化剧烈，经营了数十年的企业，就算把内部效率提升到极致，却往往会因为对市场变化和客户变化的不理解而轰然崩盘。因此，我们要在未来的战略制定中，特别强调对外因的关注。

第二，从企业内部视角来看，数字化对企业内部的发展战略也有巨大的影响。数字化技术让效率提升的空间进一步加大，管理者可以运用新的技术（例如人工智能技术）实现某种程度上的自动化生产、智能化管理。与此同时，为了快速响应外部环境的变化，企业内部要实现敏捷响应、内部创新以及构建智力资本挖掘机制等。追求效率不再是企业管理的唯一目标。正如德鲁克所说，效率是"以正确的方式做事"，效能则是"做正确的事"。⊖对企业而言，不可缺少的是效能，而非效率。相比于追求效率提升，内部管理更应关注源于企业内部的微创新，并学会从这些微创新中寻找企业的第二、第三曲线。虽然英特尔的主要业务领域从计算机存储芯片转向微处理器这一决策被描述成是当时企业的管理者安迪·格鲁夫和戈登·摩尔的英明促成的，但如果英特尔没有容忍牺牲一定的效率，允许内部冗余项目的存在，管理层即使做出了这项决策，英特尔也无法立即从零开始实现微处理器的设计和

---

⊖ 德鲁克在《卓有成效的管理者》一书中提出了"有效管理理论"。

生产。<sup>⊖</sup>

因此，我们需构建修炼企业"内功"的战略思维体系以提升企业内部的组织能力，确保企业内部的创新活动能引起管理者的重视，这一体系包含终局思维、反脆弱思维、流量思维、共赢思维、智力资本思维和网络外部性思维。

在接下来的第二部分，本书将按照"外因→内因"的结构来分别介绍数字时代企业制定战略需依据的九大思维。你只有深切明了这九大思维的内涵，掌握"新思维"体系，才能在制定企业战略时充分运用九大思维，进而获得符合数字时代的企业战略。

---

⊖ 克里斯坦森. 创新者的窘境 [M]. 胡建桥，译. 北京：中信出版社 .2010.

# "从好到卓越"：
# 九大战略思维

STRATEGIC
THINKING

本书第二部分详细介绍了数字时代企业制定战略时需依据的九大思维。为了便于你理解这部分内容，按照各个思维的最主要作用，我将它们分为掌控"外因"的三大战略思维和修炼"内功"的六大战略思维。

但我希望你明白，九大思维对于企业在数字时代中的战略制定是同等重要的。掌控"外因"的三大战略思维，对企业内部能力提升有巨大的影响；修炼"内功"的六大战略思维，对企业制定外部市场开拓战略，亦具有异乎寻常的决定性作用。

九大思维互相配合构成的有机思维体系，对企业在数字时代中的战略思维、战略制定以及实施，具有高维度的指导性。

## 第三章

# 掌控"外因"的三大战略思维

## 第一节 解决方案思维：创造全新的客户价值

你在生活中有没有装修房屋的经历？装修实在不是一个能让人感到愉快的过程。你需要做很多细碎的工作，从整体设计、水电布局、防水等硬装工程，到卫浴器具、家具、家电等软装事项，再到整个过程里面所有的材料选择、采购、成本控制、施工过程监督管理。装修过程的烦琐程度，让人想一想就不禁头皮发麻。特别是在选择合格的施工队和材料时，总有无数选项等你辨别。你需要研究每个施工队中不同工种的人员的工作水平，还需要多方对比研究同一种材料（例如电线和水管，需研究不同品牌、不同型号之间的差异），才能做出性价比高的选择。

装修房屋是为了居住，而不是为了成为"装修专家"。可现实是，每个材料供应商、每个施工队都只愿意负责自己的那一部分工作，并视其他工作为"别人的事"。这种做法生生地把每个装修过房屋的消费者都逼成了"装修专家"。

上述情况持续了多年，直到有一些装修服务商开始提供装修整体解决方案。此后，当消费者需要装修房屋时，只需联系装修服务商，它们会派设计专家来现场观察、测量尺寸，然后根据不同的户型情况做出可供消费者选择的装修设计风格，甚至会重新布局房屋结构。消费者只需要从三五个设计风格中选择其一，或者从不同风格中选择自己喜欢的要素进行搭配。然后，装修服务商就会根据消费者的决定，核算费用、制订工期计划。消费者所要做的就是等着拿钥匙，住进自己的新家。或许依然有人喜欢亲力亲为，但这仅仅是个人选择，不是没有其他选择而被迫这么做。

解决方案思维是相对于产品思维而提出的。在装修房屋这件事上，分散的"供应商"是产品思维的产物，而"一站式装修服务商"是解决方案思维的产物。

从市场角度来看，消费者肯定希望有人能够提供满足自己需求的整体解决方案。可能在一开始的时候，方案提供商会因为工作的复杂度增加而产生混乱，最终引发消费者对解决方案的不信任，甚至引发对方案提供商的投诉。但长期来看，随着数字化的发展，解决方案提供商如果在企业运营中运用成熟的数字化技术，必然可以大幅度改善混乱状态。以装修为例，一个解决方案提供商要有能力管理成千上万的SKU<sup>⊖</sup>以满足不同消费能力的消费者对装修解决方案性价比的不同需求。在数字化尚未完善或者企业拒绝运用成熟的数字化技术时,这项工作是超级复杂的,混乱在所难免。可一旦企业运用了成熟的数字化技术,整个工作流程的管理就变得十分简单了。计算机可以自动管理材料库存、采购、验收、领取材料、损耗计算等相关的复杂的流程环节。这可让为消费者提供装修整体解决方案的方案提供商的管理者对设计、施工、验收、售后等环节全盘掌握。当然,消费者也能从中获益。

总之,数字化会降低为消费者提供解决方案的难度,同时,也会让解决方案提供商摆脱"卖×××产品"的角色,专注于为消费者提供更有价值的服务,而不是仅仅销售产品或承担某一方面的劳动力角色。

这要求企业在数字时代中构建清晰的解决方案思维,为自己的客户创造全新的价值,而不仅仅把脑袋停留在产品思维上。我们很容易就能看到在解决方案思维的影响下,企业制定战略的目标已经从"提高自己相对于同行的竞争力"转移到了"为客户提供卓越的价值"。为了实现这一目标,原本的竞争对手也可以合作共赢——竞争这个词发生了本质的变化。

## 战略新变局:从竞争优势到价值创造

战略一词源于战争,当管理学借用战略一词时,该词便天生

---

⊖ SKU,即最小存货单位,也有人引申为产品统一编号的简称。

地包含着一个隐喻：商场如战场。因此，当战略被当成抑制对手、增加自身竞争力的整体性策略时，便毫无违和感。战争当然是你死我活的竞争，所以，管理学者用战略来强调竞争是最便宜的。

正因为如此，哈佛商学院教授迈克尔·波特在 1980 年出版了《竞争战略》一书后，便名扬天下。"商场如战场"的隐喻，被人们广泛接受，几乎从来没有人追问：难道战略只强调竞争吗？事实上，即使在最激烈的战争中，合作也常有发生。例如三国时期，魏、蜀、吴三国本互为竞争对手，但也常常展开合作。

后来，与波特同为哈佛商学院教授的亚当·布兰登伯格⊖发现了竞争中的合作现象，并据此对竞争和合作产生的条件以及互相转换的契机展开了深入的研究。布兰登伯格教授发现，当不同企业面对早期的新兴市场⊜时，倾向于展开合作，共同把新兴市场做大。在这一时期，不同企业会成为彼此（创新产品）的互补者，并且互相配合对市场进行教育，而当这一市场变得成熟时，原来互相合作的各方就会展开竞争，以图在稳定的市场中获得最大利益。

因为新兴市场处于快速增长期，其中发生的竞争存在于市场需求的"原有的满足方式"和"新的满足方式"之间。当一组企业都是以新的方式来满足市场需求时，就倾向于展开合作，共同

---

⊖ 亚当·布兰登伯格，亦译作亚当·布兰登勃格，剑桥大学博士，曾为哈佛商学院教授，现为纽约大学教授，研究领域包括博弈论、信息论和商业战略。曾与拜瑞·内勒巴夫（亦译作贝利·奈勒波夫）教授合作出版影响颇广的《合作竞争》(亦译作《竞合策略》)。

⊜ 这类市场中的产品没有被推向市场时，消费者没有针对它们的消费支出。例如，在纸尿裤被推向市场之前，没人能在纸尿裤这一产品上有消费支出。

推翻这一领域内原有的市场霸权拥有者。例如，汽车对马车进行替代时，蒸汽动力汽车制造商和燃油动力汽车制造商本来是互为竞争对手的，但面对马车制造商时，两者皆称汽车会替代马车，进而为此展开合作。此刻，汽车制造商专注于为消费者提供更好的出行方式，专注于新价值的贡献。汽车作为新的出行方式被广大消费者接受了之后，蒸汽动力汽车和燃油动力汽车便展开竞争，最终燃油动力汽车胜出。此后，燃油动力汽车领域内又诞生了不同的品牌，彼此间的竞争更加激烈。

互联网时代是数字时代的前哨，当它来临时，信息孤岛被打通，全世界各种类型的企业在产品制造和服务提供上几乎没有秘密可言。这造成了消费者所获得的产品和服务迅速趋于雷同。因此，原有的诸多行业快速陷入了超级竞争<sup>⊖</sup>状态。理查德·戴维尼在提出超级竞争这一概念时，同质企业的竞争已经进入一种"白热化自残"的状态。此刻，在动荡的商业环境中脱颖而出的，是那些摒弃了互相伤害般竞争而寻求新战略定位的企业。它们的目的是用更好的方式来满足客户需求甚至创造新需求，这一切都是以价值创造为基础的。总结迈克尔·波特在《哈佛商业评论》上发表的著名文章——《什么是战略？》所阐述的观点：战略是以独特的定位为核心的一系列取舍。<sup>⊜</sup>独特的战略定位的总体的目的就

----

⊖ 超级竞争是一种动态竞争，这种竞争以高强度和高速度的竞争为特点，其中的每一个参与者都不断地努力建立竞争优势并削弱对手的竞争优势。每一个超级优势都是相对的、暂时的，都有可能被对手的反击行动消灭。

⊜ 发表于 1996 年 11 月的《哈佛商业评论》。

是以新方法重新满足客户需求。

在某种意义上，以上观点表明波特实际上是承认了企业战略的重心正转向价值创造。

当商业发展进入数字时代，价值创造的意义就更为明显。更多的企业开始"忽视"竞争对手的举动，抛弃原有的同质化竞争手段，进而寻求新的战略定位来满足客户需求。它们把竞争对手当作满足客户需求（以及潜在需求）的"更好方式"，而不是行业中的其他企业。

解决方案思维便立足于以上思想。如果一家企业的战略专注于价值创造而非战胜对手，那么，这家企业就会主动承担起为客户提供解决方案的责任，而不是仅仅提供产品。

数字时代中，我们看到一些企业正是这样做的。小米公司以小米手机为平台，构建了由家用电器、消费数码产品乃至电动出行产品等构成的生态系统，为年轻的消费者提供电子产品方面的整体解决方案。海尔发动组织变革，形成"人单合一"的新型组织，正是为了给消费者提供整体家电解决方案。甚至，了解到采购了海尔厨房电器的消费者抱怨在家庭厨房中做不好烤鸭后，海尔居然向消费者出售烤鸭胚来满足他们的需求。

数字时代中，更多的企业开始为客户提供整体解决方案，不这么做的企业，很难在未来获得市场份额。在产品思维下，产品的设计往往是以企业自我为中心的——战略制定者从企业自身的资源能力、员工能力出发，开发产品并销售出去获利。而有解决方案思维的企业往往从对客户需求的认知出发，构建能够满足客户需求的产品和服务体系，一次性满足客户在某一领域的全方位需求。分别基于单点的产品思维和多维的解决方案思维的竞争，胜败可想而知。

由此不难得出结论，解决方案思维是企业制定战略的核心思维。企业战略的核心正快速从提升竞争优势转换到价值创造。能为客户提供解决方案的企业将因为创造了新价值，获得更大的竞争优势。

## 解决方案思维：获取细分客户群体的全部价值

随着互联网对商业的重塑力度越来越大，人们发现从网络获得一个有效客户的成本越来越高。同时，除了餐饮和娱乐这类强调体验感的线下门店之外，其他零售性质的店铺，例如零售服装、箱包、日用品等的店铺，想要让消费者亲临门店也越来越难。获客成本的攀升，让损失一个客户的成本变大。

这种变化直接指向一个趋势：如果你仅仅想通过销售给客户单一的一款产品而获利，那么你的商业行为获利的可能性将大大降低。互联网时代带来的信息爆炸，电子商务平台上琳琅满目的产品让消费者目不暇接。单一产品很难让消费者留下深刻的印象，你的产品信息很快就会被淹没在海量信息中。要么有一款更好的产品和你的产品竞争，要么别人能提供更低的价格，总之，想要通过销售单一产品获利越来越难。

一方面，获客成本快速攀升，另一方面，企业很难通过销售单一产品获利，在成本和收入的双重挤压之下，原有商业模式的生存空间被大幅度压缩。为了提高自身的竞争力，企业开始进入无限细分领域。例如，一些企业专门做婴儿调奶器，一些企业专门做只洗袜子的洗袜机。企业之所以选择这种细分市场战略，有两个方面的原因。一方面，企业希望成为消费者某个细分需求最专业的满足者。"只做一件事并做到极致"，是这类企业的价值观。另一方面，企业成功立足于细分市场后，能获得大量订单，从而可以快速降低产品的生产成本，这将有效地应对竞争对手采取"价格战"战略这一局面。

事实上，秉持着这种思路来制定战略的企业获得成功的并不多。它们忽视了消费者在数字时代中最大的痛点：认知负担过重。年轻父母很难因为购买了一款婴儿调奶器而记住一个品牌，他们还需要给孩子购买奶粉、辅食、婴儿床、婴儿车、浴巾、沐浴露、纸尿裤、四季衣物等，每种产品又有不同的品牌和价格，这大大增加了年轻父母的认知负担。与此同时，调奶器或者洗袜机的技术含量并不高，专注开发这类产品的企业承担着极小的技术风险，所以必然会承担较大的市场风险。一旦相关的巨头企业看到了某一细分市场的潜力，可带着强大的资金实力和品牌效应以及研发能力快速进入市场，与那些企业展开竞争。任何专注于细分市场的小企业，根本无法抵御这种强大的冲击。

企业将战略定位于细分市场其实并没有错，错的是它们只想在某一细分市场当中提供一种产品（或相关的几种产品），而消费者需要的是解决方案。

试想，如果有一家企业能够围绕着"婴幼儿用品"打造出整体解决方案，并能保证提供的是高性价比的产品体系，那么，将会极大地减轻年轻父母的认知负担和因此而产生的焦虑感，更易被他们接受。

从企业的角度来看，解决方案思维将带给企业某一细分人群的全部价值，这是只有产品思维的企业做不到的。如果年轻父母把自己对"婴幼儿用品"的消费全部集中到一家企业，那么，这家企业势必取得"年轻父母"这一细分人群在养育婴幼儿方面的消费支出的绝大部分。这会让企业在建立品牌、形成规模、获利、优化组织、改善服务等方面更有动力。一旦出现意外情况，企业为了保护品牌声誉，会不计代价地快速响应，把消费者遭受的损失降到最低。

## 提供整体解决方案，而非产品

如果我们更进一步来看解决方案思维，其实它是一种专注于价值的战略思维——企业并非仅想极力地将自己的产品卖出去，而是更想让购买了企业产品的客户，真正从产品的使用中获得价值。例如，苹果公司在销售 iPhone 和 iPad 的同时，会提供 App Store 来满足消费者对智能手机和平板电脑的应用程序的需求。此外，为了满足消费者学习使用自家产品的需求，让消费者对 iPhone、iPad 的 iOS 系统以及设备功能做进一步了解并从中获益，苹果公司还投入了大量的资源在线下门店的"天才吧"（Genius Bar）提供服务。虽然看上去，苹果公司仅仅是研发、设计、生产了数量不多的电子产品，但它是以解决方案思维来进行战略布局的。产品仅仅是解决方案的一部分，对产品被使用而产生消费者价值的思考，才是苹果公司的战略核心。在这种情况下，就算另外一家只想把自己的产品卖出去的企业能够打造出超越 iPhone 的性价比的智能手机，它也很难撼动苹果公司的优势地位。

现实中，有很多企业管理者会认为提供解决方案意味着高昂的成本。在我多年的工作中，向企业管理者提到应该以解决方案思维打造产品体系时，大家往往表示这种思路很好，但不具备在自己的企业中操作的可能性。大家普遍认为，提供解决方案的成本太高了。

其实，这是对解决方案思维的重大误解。

第一，企业的成本中心和利润中心实际上是可以切换的。以苹果公司的 App Store 和天才吧举例，对于以销售手机等产品来获利的盈利模式来说，这两者都是成本中心。但苹果公司 2023 财年第一季度财务业绩显示，产品销售额为 964 亿美元，同比下降 8%，而服务销售额为 208 亿美元，同比增长 6%。[一]由以上数据我们可以得出结论：在产品思维下的成本中心，在解决方案思维下却可变成利润中心。

产品有硬性成本，产品的利润率反而可能不如服务。此外，天才吧所提供的服务，可能让消费者不断购买新产品。如果天才吧的工作人员教会了购买 iPhone 的消费者在 iPhone、iPad 以及 MacBook 上如何使用多屏互动功能，消费者为了追求这一便利，

---

[一] Tech 商业. 苹果公司 Q1 业绩［EB/OL］.（2023-02-09）［2023-08-12］. https://www.jiemian.com/article/8871341.html.

非常可能在购买了 iPhone 的前提下，追加购买 iPad 和 MacBook。

第二，解决方案思维与精益创业精神并不互相违背。身为 IMUV 联合创始人及 CTO、哈佛商学院驻校企业家的埃里克·莱斯，在《精益创业：新创企业的成长思维》一书中提出的"最小可行性产品"（Minimum Viable Product，MVP）概念深入人心。在莱斯看来，创业者或者计划在市场推出新产品的大企业，不要等到某产品完善后才将其推向市场，而应当在该产品具有了"最基本的可用性"时，就立即推出它，然后快速根据市场反馈来迭代产品。在充满不确定性的市场中，这一理念深受创业者和变革者追捧。表面上看起来，解决方案思维与莱斯的理念完全违背。很多人认为，解决方案思维的打法是那些大企业的事情，和中小企业、创业企业毫无关系。

事实上，并非如此。解决方案思维是最小可行性产品背后的基本战略思维。你可以从两个方面来理解最小可行性产品背后的解决方案思维：其一，所谓的"最小可行性"，就是一个规模最小的解决方案；其二，在最小可行性产品成为爆款产品后，甚至在最初设计它的时候，企业就要围绕着它构思整体解决方案。吉列剃须刀的"刀架－刀片"模式，就体现了最小可行性产品背后的解决方案思维。消费者可以长期保留刀架，但要定期更换刀片，而且吉列剃须刀的刀架和刀片只能配套使用。在剃须刀成为爆款产品之后，围绕着"剃须"这件事，吉列陆续推出了剃须啫喱、男士洁面乳、润肤啫喱等产品，可谓为"男人一张清爽的脸"操碎了心。

也就是说，企业可以从单一产品开始做市场推广，但是必须在设计单一产品时，融入解决方案思维。这样，企业在极力打造爆款产品的时候，才会有坚定的信心持续投入，甚至可以在爆款产品上不赚取利润，而期待从后续的解决方案中赚取丰厚的利润。如果企业能这么做，那单纯专注单一产品的竞争对手将很难战胜它。

## 通过迭代和复制实现降维打击

解决方案的构建不是一朝一夕的事情。很多人认为，需要围绕着企业的产品和服务战略进行头脑风暴，模拟客户的使用场景，这样才能打造出完美的解决方案。但实际上，你永远无法在办公室或者会议室里面了解客户到底需要什么。你需要把解决方案推出去，然后搜集客户的使用信息以及对它的抱怨。

很多大型软件企业在这方面犯了很多错误。这些软件企业里面有优秀的系统架构师和高水准的程序员，并且配有资深的产品经理。他们能仔细模拟客户的使用场景，并据此构思出自认为精确的产品路线图，然后围绕着路线图，开发出很多在他们看来非常有价值的功能模块。但实际上，大型软件的功能沉寂率往往高达 90%。[一]用户花了很多钱，购买了大量永不使用的功能模块。因此，允许用户"按需购买"功能模块的商业模式出现后，大受欢迎。Salesforce 的销售管理、客户关系管理软件正是因为给了用户自己挑选功能模块的选择，才让这家创办仅仅 24 年的企业拥有了

---

〇 功能沉寂，指用户从未使用过该功能模块。功能沉寂率，即沉寂功能模块数量与软件所有功能模块数量的比值。

突破 2411 亿美元的市值。<sup>⊖</sup>

　　因此，解决方案构建的过程，也是精益创业的过程。你需要在自己构建的解决方案形成一个最小可行性版本后将其投入市场，搜集反馈、改善迭代。一旦某个版本受到用户的"热烈欢迎"，<sup>⊜</sup>你就可以将该解决方案的构成要素固定下来，快速复制，从而谋求更大的市场占有率和利润。一旦你能这么做，围绕解决方案构建战略，那么就能对你所处的市场中所有只有产品思维的竞争对手实现降维打击。

　　这是因为你们的竞争完全不在一个维度上，拥有产品思维相当于仅有一个点或者一条线、一个面，存在于二维世界，而拥有解决方案思维相当于构建了一个立体体系，跨进了三维空间（如图 3-1 所示）。

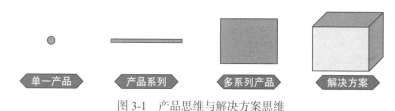

图 3-1　产品思维与解决方案思维

## SAVE 战略模型

　　解决方案思维立足于一个战略模型——SAVE 战略模型。"SAVE"的 4 个英文字母分别对应 1 个单词：S 对应 Solution，

---

⊖　Salesforce 创办于 1999 年，市值数据统计时间为 2023 年 12 月 6 日（美国东部时间）。

⊜　指目标用户大量购买，用货币"投票"而不仅仅是嘴上夸赞。

解决方案；A 对应 Access，入口；V 对应 Value，价值；E 对应 Education，市场教育。

这个模型的内涵可以通过一段话来表达：企业要为满足客户的某方面需求提供整体解决方案，并为客户了解自己的解决方案提供合适的入口，同时企业要承担教育市场的责任，并向客户强调价值上的满足而非标榜价格优势。

这意味着，未来的企业战略要立足于深入研究客户需求，然后找到自己有能力解决的核心问题，围绕核心问题，提供整体解决方案。对需求的研究，是一个大课题，大致上可以从两个维度着手。一是通过对客户身份的粗略分析，大致了解客户需求。比如面对一位爸爸，他也是儿子、丈夫和某个企业的员工等，围绕这个人的身份，企业就能大致知道他的需求有什么。因为企业提供的是解决方案，而不是单一产品，所以击中客户需求的可能性大得多，粗略分析很有可能为企业找到战略的大方向。二是基于给不同的消费者绘制数字画像，围绕一个典型的消费者，深入了解其各方面的需求。在数字化逐渐融入各行各业之后，消费者数字画像必将成为市场研究的主要工具——考验企业的是围绕消费者数字画像，提供精准的解决方案，甚至定制解决方案的能力。所以，我们看到很多大型工厂正将原来固定流程的流水线，升级到德鲁克所倡导的"大规模柔性化生产"⊖智能生产体系。

---

⊖ 大规模柔性化生产，是指生产企业可以随订单调整生产线，为客户提供定制生产产品的服务，同时还能实现较大规模的定制化，从而降低生产成本。这需要企业能够搜集足够多的消费者数据，并将产品模块化。例如红领集团，该集团可以根据不同消费者的数据，实施大规模西装定制生产。

总之，SAVE 战略模型要求企业专注于为客户需求打造解决方案，而非提供单一产品。

当企业成功为客户打造了解决方案时，要开始设计一个客户能够通过它来了解解决方案价值的入口。这个入口，一般来说，可以是宣传资料、体验中心以及线上直播、虚拟现实技术（VR）视频等。需要提醒的是，在当今年代，企业除了要在线下建立解决方案体验中心，还要在线上建立全网信息传播渠道。解决方案因为能满足客户某方面的全部需求，能给企业带来持续的获利机会，这意味着解决方案的销售和市场红利会比单一产品的持续时间更久。长期来看，现在年轻的消费者会成为未来的消费主力，他们获得资讯大多依赖互联网渠道，如果企业没有建立全网信息传播渠道，很容易错失年轻的消费者群体。

重点是，解决方案要专注为客户提供价值。"价值"可以指向需求满足的便利性、整体性，也可以指向整体成本的降低和完善的售前、售后服务。在客户产生购买意向之后，销售人员需要向他们强调整体的价值而非价格：客户因为采购了企业提供的解决方案，会省时、省力，从整体上降低支出，同时降低时间成本和机会成本。总之，销售人员要能洞察这些因素，向客户强调解决方案所提供的整体价值，而不是仅关注价格。

对市场的教育也很重要。市场教育包括转变客户的产品思维，让他们接受解决方案。长期以来，大多数人的消费习惯都是产品购买模式，而不是采纳解决方案。企业不但要打消客户对解决方案的疑虑和担忧，还要建立强大的品牌声誉，让他们乐于放弃选择同类产品，将选择权交由企业的解决方案来主导。以婴幼儿用品举例，一部分人信任奶粉品牌 A 而不信任品牌 B，另外一部分人对奶粉品牌的选择可能正好相反。如果企业在自己提供的婴幼儿养护解决方案中选择品牌 A 的奶粉，那些更相信品牌 B 的消费者就会流失——他们不放心听从企业的建议和选择。但如果企业能构建严格的数字化品质管控体系，再通过市场教育，就能逐渐让那些消费者对自己的解决方案产生信任，选择包括企业推荐的甚至是自己研发生产的奶粉以及其他婴幼儿用品。

总之，数字化会让企业以更高效的方式来构建解决方案并管理它们的品质。这让解决方案思维，在数字时代企业战略制定中，成为极其重要的思维方式。能成功推出解决方案并被客户广泛接受的企业，一定会在规模、品牌、市场占有率等方面超过单一产品制造企业。

## 为细分客户群体提供整体解决方案：数字时代的战略新准则

解决方案思维，是数字时代企业在制定产品和服务战略时所必须采用的。或许，很久以来，企业一直希望通过提供解决方案的方式为客户提供更多服务，从而获得更多的收入，但因为缺乏有效的解决方案开发和管控手段，反而引起混乱，损害了客户的利益。数字化的程度一旦加深，就会为解决方案的开发和管控提供强大的武器，使企业能轻松地为客户提供优质的解决方案。

数字化可以帮助企业构建更有序的解决方案开发和管控手段。

例如，数字化可以帮助企业管理天量数目的产品SKU；企业可以通过数字智能供应链实现快速配送，提高供应效率、减少库存，加快货物周转效率。此外，数字化的智能监控措施，可以协助企业监测已出售的设备，比使用设备的人更早知道其运行状态，预防设备故障。数字化也可以进一步提升企业产品的技术含量，塑造高集成度的产品，加深客户使用产品时的"无脑化"程度。数字化亦可以协助企业描绘客户画像，从而将解决方案的信息有针对性地传递给目标客户……

总之，数字化会大大加强企业构建解决方案的能力。

未来企业在制定战略时，必须将解决方案思维融入，这是数字时代战略制定的新准则。如果不遵守这一准则，企业大概率会错失巨大的市场机遇。

## 第二节　客户任务思维：新时代品牌的竞争新维度

如前所述，数字时代中，企业战略的关注点应该从"竞争维度"转向"利益相关者价值维度"。虽然任何企业都无法摆脱来自竞争对手的竞争压力，但优秀的企业不会掉入与竞争对手互相搏斗的"陷阱"。它们的战略方向是追赶客户需求的增长、探索需求满足的更好方式，专注于为客户和其他利益相关者创造价值。

很多企业"声称"为客户创造了很多价值。比如，有的大型软件企业希望为自己的客户提供功能完善的软件系统，为此组织研发力量，开发了不少优秀的软件功能，但软件企业的客户似乎并不领情——他们往往不愿意为复杂的软件功能开出支票。原因是，在日常工作中，这些功能中的大部分几乎没有使用场景。另外一些企业，在自己的产品和服务中加入了很多价值，但这些"价值佐料"并未被客户意识到，或者客户压根不在乎。出现这种状况，会让"专注于价值创造"的企业不明所以，灰心丧气，转而放弃构建持续的创造力。

造成以上困局的原因很多，但归根结底，是因为企业并未试图在为客户创造价值之前对其需求进行深入研究。它们通过产品和服务满足的是"自己以为客户应该有的需求"，而不是"客户认为自己真正有的需求"。很多来自客户的迫切需求，它们反而视而不见。当然，这并非因为企业不在乎客户需求，否则，它们就不会把自己的战略立足于为客户创造价值这一基础之上了。之所以大家尽了所有努力，仍然满足了"错误的需求"，完全是因为在行动之前缺乏对客户需求的有效挖掘，甚至它们都不知道该如何挖掘真实的客户需求。

树立客户任务思维来观察并挖掘客户的真实需求，是价值创造最开始的原点。这一思维方式强调的是一个更为本质的认知：客户之所以购买某产品，原因并非在于产品本身，而是他们需要这一产品来完成自己的任务。这一洞察来自被誉为"颠覆式创新之父"的克莱顿·克里斯坦森⊖。他通过对"消费者为什么购买奶

---

⊖ 克莱顿·克里斯坦森，哈佛商学院教授，著有商业理论畅销书《创新者的窘境》。

昔?"的观察和研究,得出结论:消费者购买奶昔并非因为它味道甜美,而是为了完成"打发无聊的驾车通勤时间以及避免工作日午餐前的饥饿"的任务。<sup>⊖</sup>带着这一洞察,克里斯坦森建议奶昔销售商开设路边售卖亭,以便消费者能够"不下车购买奶昔"。这一简单举措,让奶昔的销量激增。

当企业树立了客户任务思维,设身处地地思考客户的任务,进而为了协助他们更好地完成任务提供产品和服务,就能获得"与运气竞争"的能力,打破"运气魔咒"。缺乏这一思维,难免会单纯"依赖"运气:不知道为什么某款产品、某本书、某首歌成了"爆款",其他的却无人问津。战略制定者会从客户任务思维中获得复制爆款产品的能力,而不是让自己的企业"靠天吃饭"。

## 洞察客户任务:脱颖而出的前提

当一家企业把眼光从自己的产品转移到客户任务后,就会生发众多的创新思路,而不必苦于单纯依靠自己的想象和积累来"杜撰"创新。创新本身是一种难以通过管理手段来规范的活动,企业往往需要为创新中的探索花费大量的容错成本,方能找出符合市场需求的新产品。如果某项创新活动的思路源于毫无根据的"杜撰",再加上创新本身巨大的资源消耗和低效,企业很难持续地开展这项活动。这会直接导致"不改变等死,改变找死"的发展困局。

---

⊖ 克里斯坦森,霍尔,迪伦,等.与运气竞争:关于创新与用户选择 [M].靳婷婷,译.北京:中信出版集团,2018.

全世界的企业都希望能够开展更高效的创新。创新要高效，创新的方向在底层思维上就要能直接与客户的真实需求"对齐"。客户任务思维能从底层的角度来确保"对齐"的发生。

若某创新产品是基于洞察客户任务的视角的，产品一面世，便会受到广泛的关注。特别是当创新产品"击中"了一些"不可避开的任务"时，会迅速得到大众青睐。例如，曾经风靡全球的黑莓手机，在 1999 年推出第一款机型后的短短 6 年里，就在全球获得了超过 400 万名用户，其中至少 20 万名用户是各国政府官员。2009 年，黑莓手机迎来了自己的巅峰时刻：占领了美国智能手机市场约 40% 的份额以及全球智能手机市场约 20% 的份额。

为什么一款把计算机的"QWERTY"键盘缩小后用于手机的"计算机手机"能够迅速获得消费者的认可？你可以从无数角度来解读黑莓手机的成功，但任何解读都没有从客户任务思维角度得出的结论更加深刻。黑莓手机的主要消费者是商务人士和政府官员。这些人工作繁忙，每天要处理大量的信息，并且经常出差。

黑莓公司洞察了目标客户的任务：每天必须及时处理大量的信息。之后，它为目标客户完成任务提供了更好的方式：掏出手机，在熟悉的键盘上键入信息。

这一洞察有多层含义。千禧年前后，信息处理是商务人士和政府官员的主要工作，信息处理的及时性异常重要。你可以换位思考，如果你是一位华尔街的股票分析师或者股票投资公司的负责人，当你持有股票的公司遭遇了破坏性的突发事件，及时给出市场分析并卖出股票，将会给你带来极高的声望。因此，及时处理信息，成了你的重大任务。企业管理者、投资人和政府官员经常出差，当有突发事件发生时，他们需要给众多下属做出明确的指示。人在旅途，任何人都无法随时随地拿出计算机，连接网络来处理信息和发送邮件。就算没有突发事件，他们也可能因为繁忙而无法专门抽出时间在办公室回复邮件，不得不利用碎片时间工作。

没有黑莓手机之前，为了完成自己的任务，这些人需要找一个有桌子的地方坐下来，拿出计算机，连接网络，然后才能开始工作。有了黑莓手机，商务人士和政府官员只需要在路上停一下，或者坐在汽车的后座上，又或是在登机前一刻掏出手机，就可以快速高效地处理工作。相比于重要工作任务的完成，购买一部手机实在是微乎其微的投资，没有人会拒绝。

你可能会说，其他品牌的手机也能完成以上工作，那为什么大家会选黑莓手机呢？秘密就在于黑莓手机的键盘设置。它采取了目标客户最熟悉的键盘形式——"QWERTY"键盘。这样，它的用户完全不用再次学习就能快速上手。很多手机公司为了解决在小型电子设备上输入的问题，设置了简化的智能键盘，但忽视了用户换一种输入方式的难度。这阻碍了商务人士和政府官员完成及时处理信息的任务，而黑莓手机恰恰满足了这一需求。

当然，并非仅仅黑莓手机因为运用客户任务思维而获得了成功。iPhone 显然在洞察客户任务上更进一步。它的全键盘输入、视频观看和拍照等功能，都立足于对客户任务的洞察之上。更进一步，也并非仅仅电子类科技产品的成功是运用了客户任务思维的结果。帮宝适因为洞察了年轻父母要为婴儿洗尿布的任务，用纸尿裤大大简化了这一任务，从而获得成功；福特因为洞察了人们需要较经济地远距离出行的任务，用 T 型车降低了客户完成任务的成本，从而获得成功；红牛因为洞察了脑力劳动者需要提神的任务，用功能饮料帮助人们完成任务，从而获得成功……

不难看出，从洞察客户任务出发所进行的创新，几乎都能让产品脱颖而出，给企业带来巨大的商业价值。

## 客户任务思维：比你的客户多想一步

史蒂夫·乔布斯曾说："消费者并不知道自己需要什么，直到我们拿出自己的产品，他们才发现，'这是我要的东西'"。㊀虽然商业界人士对乔布斯"离经叛道"的思想并不是一致认同的，但没人能否认，乔布斯用他的创造力和用以表达这种创造力的产品——iPhone，证明了苹果公司为消费者提供了他们没想到但一定需要的产品。

客户任务思维在创造力发挥价值的过程中，有着巨大的影响力。在技术应用爆发的数字时代，你不能奢求每个人都是技术专家——并非所有人都有热情、有能力来研究新兴技术。如果能用更好的技术来提高他们完成自身任务的效率、丰富任务完成的手段，他们会愿意为此付钱，有的时候还会抢着付钱。

客户任务思维就是让你比自己的客户多想一步。

---

㊀ 乔布斯曾多次表达此类观点。

营销理论中的需求分析常常把客户需求分为现有需求和潜在需求。我认为这种分法并不十分科学。单纯从需求上来看，可以说没人不知道自己的需求是什么。生活中、工作中每个人都有自己的固定任务，能让人们完成任务的，就是他们所需的。比如，在不影响工作效果的情况下，尽量缩短工作时间；尽可能地快速获得与工作、生活相关的资讯；饥饿时能饱餐一顿；照顾自己刚出生的宝宝……这些可以理解为客户自知的需求。

没人不知道自己有这些需求，但很少有人知道如何更好地满足这些需求。在需求的满足上，客户知道的是老方法，不知道的是新方法。当创新者将新产品放到消费者眼前时，他们会变得惊喜异常："好酷！原来事情还可以这么干！"

你可以从无数声称挖掘了客户潜在需求的创新产品实际产生的影响中，得出上述结论。年轻父母，当然知道要给自己刚出生的宝宝定期换尿布，但在没有纸尿裤的时候，这一需求是由布制品尿布来满足的。在快节奏的生活中，这给年轻父母带来了很大压力。尿布要不断地清洗、晾晒、更换，如果遇到连续阴天，很可能准备好的尿布不够用。父母带孩子出行时，换尿布会成为非常麻烦的事情。当帮宝适第一款商业化的纸尿裤出现在年轻父母面前时，他们突然发现：原来换尿布这件事还可以这么干！帮宝适不是发现了婴儿父母有给宝宝换尿布的需求，而是提供了满足这一需求的新方法。同理，与亲人朋友互相沟通的需求从来都有，只不过在科技不发达的古代，人们需要"鸿雁传书"才能完成沟通任务，以至于"烽火连三月，家书抵万金"。座机、功能手机、智能手机＋社交软件的依次出现，并非发现了人们互相沟通的需求，而是依次进一步为沟通需求的满足，提供了更好的解决方案。

从这个角度来看，乔布斯所说的"消费者并不知道自己需要什么，直到我们拿出自己的产品，他们才发现，'这是我要的东西'"，其实说的是更好的需求满足方式。营销理论关注的潜在需求，实际上不过是因为某种需求没有更好的满足方式，暂时被压抑了；抑或消费者对自身任务优先级的理解，压抑了某种优先级较弱的需求。比如，每个人都有文化上的需求：喝大碗茶是为了解渴，喝工夫茶是为了放松身心、品鉴茶文化，当大碗茶被工夫茶逐步替代时，并不是工夫茶激发了人们的潜在需求，而是当人们不再疲于奔命、忙于谋生时，文化需求的优先级被提高了，工夫茶只是提供了满足这方面需求的一种方式而已。

在我看来，如图3-2所示，在分析客户需求时，需要从客户任务思维出发：客户要完成的任务，决定了他们需求的优先级。创新，是为了针对某一需求提供更好的满足方式，并非创造需求。

企业拥有了客户任务思维之后，就能获得"比客户多想一步"的能力，这是企业之所以能持续创新，提供市场接受度高、买方价值高的产品和服务的核心能力。

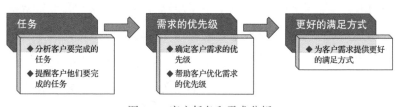

图3-2　客户任务和需求分析

在客户任务思维视角下，企业培养创新能力可以分为两步走。

第一步：分析客户要完成的任务，根据任务类型确定需求和需求的优先级，以更好的方式满足优先级高的需求。

第二步：对客户进行"任务提醒"，同时帮助他们优化需求的优先级，再以更好的方式满足优先级高的需求。

你可以根据自己企业的创新能力水平，围绕以上两步中的任一步制定市场开拓战略，也可以对一类客户先后运用两种方式来深挖需求。敏锐的你可能发现，有的企业在执行第二步时，可能会出现"操纵"客户的情况。比如，为了自己产品的短期销量，故意利用自己对客户的影响力，有意抬高某种任务的迫切性或抬高某个需求的优先级。这是企业价值观方面的问题，这类行为虽然短期内可以帮助企业获得收入，但长期来看，企业一定会遭到市场的反噬，失去客户的信任。

企业价值观虽不是本书讨论的主要内容，但我在此想郑重提醒各位读者：在运用九大思维制定自己企业的战略时，一定要确保企业自身的价值观是符合时代要求的。糟糕的价值观，不会为战略的执行效果带来任何长期的好处。

切回正题。每个人都有"五觉"，即视觉、味觉、触觉、听觉和嗅觉，也会因它们产生厌恶、欢喜等情绪。围绕着五觉和情绪的需求，往往是客户最关心的。当某人要完成一项任务时，如果过程很麻烦，他就会产生厌恶情绪；如果过程令人舒适，他就容易产生欢喜情绪。接下来，我们针对"不得不出差"这一任务，从五觉和情绪的角度来分析，如何为客户提供更好的需求满足方式。

职场人士必须承担出差的任务，但不同的人对出差这件事有不同的体验，并且会产生不同的情绪。另外，一旦出差的频率发生变化，比如变成经常出差或偶尔出差，人们往往也会产生不同的情绪。

| 客户任务——不得不出差，背后的需求——商业沟通 | | |
|---|---|---|
| 五觉和情绪 | 正面感受 | 负面感受 |
| 视觉 | 可以看到很多新景色，见到很多新人 | 有一段时间不能见到家人，并需要离开熟悉的环境 |
| 味觉 | 能品尝各地美食 | 有一段时间不能吃到熟悉的食物 |
| 触觉 | 可以睡酒店的大床和枕头，能和新同事握手等以增进感情 | 有换床、换枕头失眠的毛病，不想接触陌生人 |
| 听觉 | 能听到很多不常听的方言和新的观点 | 对不熟悉的语言心生抗拒 |
| 嗅觉 | 有新的体验 | 离开熟悉的气味环境 |
| 情绪 | 喜欢出差 | 不喜欢出差，急需找其他完成任务的方式 |

图 3-3 "五觉和情绪"分析

图 3-3 仅仅对"出差任务"做了简单的"五觉和情绪"分析。当这些要素被列出来的时候，你能清晰地发现，若一个人对出差任务产生了负面情绪，实际上，他将是"在线会议系统"的铁杆粉丝，特别是当他有换床、换枕头失眠的毛病时，他根本不想拖着疲惫的身体出差。

美国思科公司很早就洞察了职场人士出差这一任务对应产生的需求。思科公司成功地通过电话会议系统为职场人士减轻了频繁出差的痛苦，同时降低了企业的差旅成本，提高了交流效率。这一洞察，让思科公司迅速成为世界 500 强企业。数字时代，视频会议系统、视频会议软件和工具，会进一步以更好的方式来满足职场人士的沟通需求。

技术的先进性和发展方向，也体现在五觉方面。早期，职场人士只能通过电话进行听觉上的沟通，他们无法看到沟通对象，也没办法判断沟通对象表情的变化。随着技术进步，视频会议系统增加了视觉上的沟通。此刻，他们不但能和对方用语言进行讨论，还可以通过观察对方的表情和行为来调整自己的说辞，让对方更容易接受自己的观点。视频会议系统开始大面积替代电话会议系统，核心原因是它增加了视觉方面的感受，让人们之间的沟通趋近于更熟悉的方式。如果未来，在万物互联的状态下，人们通过在线的方式可以互相握手（增加触觉）、闻到对方身上的气味（增加嗅觉），甚至可以用嘴品味对方桌上香喷喷的咖啡（增加味觉），那人们将会因为沟通的真实感更深厚而选择能提供这一体验的会议系统。

从这个角度来看，我们发现一种非常可能的情况是：未来，酒店业、航空业和网约车业的竞争对手可能并非更好、更快的出行方式，而是消灭出行的线上实景系统——我们姑且称它为"身临其境"。如果有人将"身临其境"融入旅游业、远程课堂以及其他的场景中，难免人们不会选择"足不出户，遍行天下"。

消费者根本不是为了买机票而买机票，也不是为了住酒店而住酒店，他们只是想要完成自己的任务：去工作或者去感受世界。你拥有了客户任务思维之后，就能发现这一洞察的商业和社会价值。

## 创新：从客户任务出发

细心的读者会发现两个问题：我们该如何确定一个人有什么样的任务？任务决定了需求是什么以及其优先级，那是什么决定了一个人该有什么样的任务呢？

我认为是身份决定了一个人的任务。什么是一个人的身份？社会心理学家彼得·魏因赖希⊖（Peter Weinreich）给"身份"一词做出了如下定义：

> 一个人的身份被定义为一个人自我建构的整体。其中，一个人在当下自我诠释的方式，表达了一个人如何像过去那样自我诠释与一个人如何渴望未来自我的模样之间的连续性。

从这个拗口的定义中我们可以看出，身份包含着两个层面的含义：一是自我与整体层面；二是过去和未来的时间层面。所以，我们可以将学者拗口的定义转换成：身份是个人与更大系统（群体、社会）连接时的一种连续性的识别体系。更进一步，你可以简单地理解为：身份就是和自我之外的群体打交道时的人设标签。

比如，你的职业是小学老师，那么在学生、家长面前，你的身份是老师。这一身份是有持续性的：学生毕业 5 年之后，在路上遇到你，他还会认真地称你为老师。当然，你或许还是一个 3 岁孩子的母亲，那么在因孩子而产生的社会关系中，你的身份

----

⊖ 北爱尔兰阿尔斯特大学心理学院主席。

是一位母亲。这一身份也是有持续性的：毕业 5 年之后，你孩子的小学老师可能不会记得你的名字，但是会记住你是某某同学的母亲。

你可能觉得这里有点"故弄玄虚"。为什么这么简单的一个概念，非要引用学术定义？其实不然，从学术定义出发会让我们发现一个事实：人们所在乎的身份是有持续性的，而非临时性的。当我们要判断一个人需要完成什么样的任务时，我们要从他的持续性身份开始分析，而不是错误地关注他的临时性身份。

为了维持社会交往，现在的人除了持续性身份之外，还有很多临时性身份。比如，交通警察暂时充当老师的角色，为孩子们上一堂交通安全课；某人临时当了一次节目主持人；等等。临时性身份的确存在，但并非个人任务的来源。如果你把对客户要完成的任务的分析立足于临时性身份，就会制定错误的战略。

这种错误在 TO B 业务⊖中最容易发生。施乐公司曾经下大力气对创新产品——静电复印机进行营销策划活动。他们请来了当时美国最厉害的广告大师，为自己设计了一个"猩猩也会复印"的电视广告，引起全美轰动，但广告并没有给公司带来暴涨的销售额。原因是，复印机购买者和使用者的身份完全不同。复印机的使用者是公司里面那些需要复印文件的员工，而购买者是公司的老板。在购买复印机这件事上，老板仅仅有最重要的临时决策者身份，因为在公司里面复印文件的人并不是他们，复印不是他

---

⊖ TO B 业务：面向组织、机构而非针对个人消费者的业务。

们的日常任务。所以，就算看了广告的员工认为公司应该购买施乐复印机以提升工作效率，但面对几百美元和几千美元的账单，老板更愿支付几百美元。[一]这让施乐公司电视广告费用的绝大部分打了水漂。直到施乐公司找到了"以租代售"的商业模式，之后才迅速发展，最终成了世界 500 强企业。[二]以租代售的商业模式，立足于对决策者持续性身份的认知：公司老板的持续性身份是公司的总体管理者，而非临时决策者，因此他们的任务是确保公司能够低成本、高效率地运转，而不是像员工那样"欣赏"静电复印机。

综上，我们需要将对客户任务的分析，立足于他们的持续性身份之上。只有这样，才能发现他们稳定的需求（如图 3-4 所示）。

图 3-4 持续性身份决定客户任务和客户需求

---

[一] 施乐的静电复印机推向市场之前，公司里复印文件的方式是使用油印机。油印机效率低，容易弄脏文员的衣服和手，但价格便宜，仅仅几百美元；施乐的静电复印机虽然大大提高了文件复制的效率，但相比于油印机却更昂贵，需要几千美元一台（详情请参考魏炜、朱武祥所著的《发现商业模式》）。

[二] 施乐在商业模式上的创新成为各大商学院和教科书的案例首选。相比于支付几千美元购买一台静电复印机，施乐在实施新商业模式后，允许企业客户以不到 100 美元的价格租一台静电复印机，并赠送一定数量的文件复印数。如果企业的月复印数超过赠送的数量，则按照每多一页便多几美分来支付账单。由于静电复印机使用方便，大大激发了公司里文件复印的需求，一般的企业每月的文件复印数远远超过赠送的文件复印数，这让施乐的市场和利润规模在短期内迅速增长。

企业的创新项目，要立足于对目标客户持续性身份的分析，从而发现他们要完成的任务。目标客户的身份是多方面、多维度的，我们可以通过猜测或者用头脑风暴的方法找出目标客户的身份集。如一位 40 岁左右、本科学历的男性，大概率有以下持续性身份：丈夫、爸爸、儿子、创业者或者企业中层以上管理者、哥哥或者弟弟、某个组织的成员、私人汽车拥有者、住宅拥有者、股票市场投资者等。

每个持续性身份背后，都会有要完成的任务。根据对目标客户持续性身份的推测和界定，企业可以充分挖掘某一身份背后的任务，然后思考完成这项任务时可能出现的场景和可能遇到的问题，最后看看自己能否提供更好的帮他完成任务的解决方案。

一个完整的具有客户任务思维的创新战略流程应该是如图 3-5 所示的流程。

图 3-5 具有客户任务思维的创新战略流程

## 从客户任务中寻找相关多元化战略

多元化是每个处于发展期的企业的梦想。一家企业在创业期通过提供一款产品从众多企业中脱颖而出后，当然想利用自己积累的经验、资源、人才实施多元化战略。

美国通用电气公司在赚取了大量利润之后，致力于多个领域的多元化扩张。在"全球第一 CEO"杰克·韦尔奇上任前，通用电气以各种方式吞并了国内外许多企业，攫取了它们的股份。1939年通用电气在美国国内所辖制造厂只有三十几家，到 1947 年就增加到 125 家。1976 年年底，在美国国内 35 个州，通用电气共拥有 224 家制造厂。在国外，它逐步合并了意大利、法国、德国、比利时、瑞士、英国、西班牙等国的电工企业。1972 年，该公司在国外的子公司：欧洲 33 家，拉丁美洲 24 家，亚洲 11 家，非洲 1 家，加拿大 10 家，澳大利亚 3 家。到 1976 年年底，它在 24 个国家共拥有 113 家制造厂，成为一个庞大的跨国企业，业务范围从飞机发动机、发电设备到金融服务、医疗造影、电视节目、塑料制品等，涉及方方面面。韦尔奇上任时所面对的通用电气是一头面目模糊、身形诡异、庞大迟缓的"巨兽"。没人能说清楚，到底什么是通用电气不做的业务，也没有人能说清楚，哪些业务是赚钱的，哪些业务是亏钱的——人们只知道整个通用电气发展乏力。

由此可见多元化对企业致命的吸引力和破坏力。

韦尔奇的天才之处就在于他推出了"数一数二"原则：如果通用电气在某项业务上不能成为全球数一数二的提供者，那就砍掉这个业务。"数一数二"原则的执行结果是：在韦尔奇担任董事长的 20 年里，通用电气的营业收入从 250 亿美元增长到 1300 亿美元，企业股价上涨了 3000%，市值从 140 亿美元增至超 4100 亿美元，一度成为全世界最大的企业。《财富》杂志将韦尔奇评为"世纪经理人"，《金融时报》连续 3 年将通用电气评为"全球最受尊敬的企业"。更重要的是，通用电气还是为美国培养商业领袖人才的摇篮，有人统计过，世界 500 强企业中有二百多家企业的 CEO 曾在通用电气任职。韦尔奇曾经自豪地说，仅他的直接下属中就有 26 人后来去了其他世界 500 强企业担任 CEO，甚至包括波音、霍尼韦尔、3M 这样的卓越企业。2000 年前后，从哈佛大学到北京大学，通用电气（尤其是金融部门）绝对是那些一流毕业生的就业首选。<sup>⊖</sup>

"数一数二"原则的背后是企业战略研究中的"相关多元化"概念。不能"数一数二"的多元化业务，其实是非相关多元化业务，而能处在市场领先地位的多元化业务，往往属于相关多元化业务。这里的"相关"和"非相关"，取决于企业的核心竞争力能否转移应用于新业务。如果能，则是相关多元化，反之则是非相关多元化。韦尔奇砍掉了通用电气的非相关多元化业务，聚焦相关多元化业务，让企业获得突飞猛进的发展。

数字时代中，我们看到了另外一种多元化战略。比如小米、海尔这样的企业，围绕着消费者的需求开展多元化业务，产品涉及消费者生活的方方面面，但有的业务看上去并不具有相关性。这带来一个问题：这种多元化战略，是否违背了"数一数二"原则所要求的"不进行非相关多元化"的准则呢？

实际上，小米和海尔的多元化业务并非仅仅依赖企业自身积累的核心竞争力，它们基于客户任务视角，对消费者完成自身任务的过程进行场景化，然后通过搭建平台来实现多元化。我称之为"客户任务相关多元化"或者"场景相关多元化"。产品和服务在这样的战略下，仅仅是满足消费者需求的工具。这些工具并非完全由企业自己制造，企业只是搭建平台，让产品和服务的提供方来满足客户任务背后的需求，平台方（企业）主导并控制产品和服务的准入原则。

这是一种"变相"的相关多元化战略，其底层思维是客户任务思维。现如今，人们需要完成的任务越来越多，越来越复杂，单一产品和服务可能无法满足人们的需求。所以，数字化企业在取得了品牌优势后往往着手搭建平台，围绕着客户任务进行多元化。所有能满足客户完成任务所需的产品和服务，由平台上具有相应核心竞争力的企业来提供。这些企业需要自负盈亏、自我管理，接受平台方的考核和淘汰，平台方由此实现多元化战略。

一旦你有了上述洞察，就可以在合适的时机，搭建由自己企业主导的平台。这一平台的核心价值，是从客户任务思维出发，挖掘每个客户任务背后的需求体系。

一个人想要完成保持精力旺盛的任务，他到底是该喝红牛，还是换个好床垫？在客户任务思维下，你可以把这些任务完成方式组合起来，搭建一个由你主导的平台。

## 用数字洞察力发现客户任务

数字时代，对客户身份和任务的洞察会慢慢地由头脑风暴方式转换到数据分析方式。一个人的行为数据，对他的身份和任务，具有最直接、最深刻的揭示作用。很多人其实没有办法，也不会对自己的身份和任务进行深刻的思考，但他们的日常行为，往往深刻反映了上述因素。

在零售业，我们可以根据一个人在超市、电子商务平台、书店等处的消费数据来推测他的身份和任务。曾经，一位在图书销售行业打拼 23 年的企业家和我争论：他的同行茑屋书店到底是一家什么公司？茑屋书店是一个多维度的商业综合体，你可以将其解释为新生活方式的代表，也可以解释为个性化和具有设计感的书店品牌。实际上，茑屋书店的母公司 CCC 株式会社是一家大数据公司。它管理全球超过 1200 家书店的核心能力实际上源于自己打造的会员卡数据体系。这让茑屋书店在互联网时代中成为体量庞大的连锁实体书店，还能保持盈利的核心。

每家茑屋书店都知道经常到店的消费者喜欢读什么类型的书，喜欢什么类型的音乐。茑屋书店可以根据每家店的消费者喜好来选择是否在这家店上架某本书或者某位音乐家的光碟。书店的消费者，总会有一种"茑屋懂我"的感觉。实际上，是茑屋书店的会员卡数据体系在发挥作用：通过搜集并分析消费者的购买数据、消费者向茑屋书店销售的二手书的数据，甚至消费者试听一张光碟的时间数据，对消费者的身份、任务进行判断，从而围绕着消费者日常要完成的任务，精准地为消费者推荐产品——通过数据分析，会形成一种"比你还了解你自己"的数据洞察力。

一旦企业能够在数字时代中树立客户任务思维，就会快速地掌握数据洞察力，从而为目标客户提供"既出乎意料又在情理之中"的能给他们带来无限惊喜的产品和服务。

## 数字化平台是洞察客户任务的"试验田"

以往，企业在将新产品推向市场之前，是无法有效预测市场反应的。企业需要依赖经验、直觉来打造新产品，并估计产品的受欢迎程度。虽然有很多市场调研手段，但实际上这些手段能够起到的作用微乎其微。全球范围内，企业为市场调研工作每年支付数百亿美元，⊖但能通过这些工作对市场有所洞察的企业寥寥无几。互联网、移动互联网带来的信息爆炸加快了传统市场调研手段失效的速度。同时，能满足客户显性需求的产品越来越多，竞争越来越激烈。这要求企业在推出新产品之前，要对市场可能产生的反应做出尽可能充分的洞察。传统市场调研手段的失效和企业洞察市场的需求增加之间，产生了巨大的矛盾。

如果企业希望能够以客户任务思维寻找客户需求更好的满足方式，传统市场调研手段将很难起到有益的作用。事实上，管理

---

⊖ 华经产业研究院–华经情报网. 2022 年中国市场调研行业产业链与竞争格局分析，国内市场潜力大且发展速度快［EB/OL］.（2022-10-25）［2023-08-12］. https://zhuanlan.zhihu.com/p/576962259.

者要想以客户任务思维更好地指导企业战略实施，数字化是基础支撑。否则，企业很难精准地全面洞察客户任务。这让客户任务思维的价值在数字时代得以凸显。

虽然寻找客户任务背后的需求也可以通过非数字化手段来实现（对于之前没有建立客户任务思维的企业来说，这已经是一个不小的进步），但更精准的分析，一定要立足于数字化手段。原因体现在以下三个方面。第一，企业可以通过对客户购买信息（涉及产品种类、价格区间、产品特色）、购买行为（何时、何地、以什么方式）的分析，来建立消费者数字画像⊖，从而得到客户身份的精准信息，以便深挖客户需求，构建围绕其任务的解决方案。第二，企业可以在解决方案上市之前，通过对具有目标身份和任务的客户进行测试并搜集反馈，进一步提升上市成功率，降低企业的试错成本。第三，企业还可以在解决方案上市后，持续地搜集反馈，提升消费者数字画像的精度，对解决方案和客户定位进行调整。

这一方式将会大幅提升解决方案在市场中的成功概率，降低市场投放风险。同时，激烈的竞争让市场快节奏变化，创新成了企业取得竞争优势的核心动力。但创新意味着一定程度的混乱、低效。创新产生的过程可能会超越现有的逻辑。很多大型企业在面临转型、变革时，往往因为自身无法接受创新的这些特性，而将其扼杀在摇篮中。此外，任何创新的初期产物都是"无用、丑陋"的，需要在市场中不断地迭代，让自身朝着"更加实用"去

⊖ 消费者数字画像这一概念有两种内涵：其一，面向对某一款产品有购买行为的所有人；其二，面向一个特定消费者的全部需求。此处指后者。

进化。大型企业未必能洞察这个进化路径。当第一代 iPhone 刚刚发布时，微软当时的 CEO 史蒂夫·鲍尔默在接受媒体采访时提到，一款价格约为 500 美元的手机不带键盘是荒谬的，并断言："不会闹出多大动静来"。几年之后，他非常诚恳地在媒体上道歉，说自己做出了错误的判断。<sup>⊖</sup>

数字化将为"对创新的误判"这一难题提供解决方案。在软件业、文创业、电影业以及任何产品交付为"数据形式的"行业，在进行大规模市场投放之前，企业完全可以以极其低的成本将自己的解决方案放在市场中进行测试，模拟出市场增长曲线；对于实物形式的产品，如服装、食品、材料、汽车、手机等，创新的解决方案可以通过数字化平台找到早期体验者，搜集他们的感受和想法。根据这些，企业可以迭代解决方案当中的产品组合和服务，直到早期体验者感到满意，再将其推向市场。此外，企业也可以通过数字化平台以及消费者数字画像来预测解决方案未来的市场走向，从而判断其到底是一个"被误判的伟大创新"，还是一个"天真的想法"（以及这个"天真的想法"能否通过升级和修改，变成真正的创新）。

对客户任务的判断和客户需求的挖掘是一件复杂的事情，数字化所带来的消费者数字画像和测试手段，让企业对客户任务以及其背后需求的判断能更加准确，并能确保创新产品在大规模推广前，获得一定数量、规模的目标客户的直接反馈。企业在快速

---

⊖ 资料来源：整理自综合媒体报道。

创新以应对市场激烈变化的时候，如果有数字化平台作为"试验田"，便可以将能通过试验的产品和服务推向市场，将未能通过的产品和服务退回"试验田"再次修正。这样一来，企业既不会错失创新，又不会盲目创新，终能获得成功。任何陷阱都是伪装成机会出现的，客户任务思维能帮我们识别某个创新想法到底意味着机会还是陷阱。

## 第三节　价值思维：新世代商业战略的基础

在企业的战略会议上，我们总能听到这样一句话："为客户创造价值。"时至今日，如果还有企业不将"为客户创造价值"作为自己的战略目标之一，将无法存活。客户价值之所以如此重要，在于供求关系方面的变化。在供不应求的时代，客户价值的重要程度很低，虽然商品必须包含某种客户价值，但由于商品是稀缺的，提供商品的企业可以忽视客户价值的完整性和差异性。亨利·福特说："消费者可以选择他想要的任何一种颜色，只要它是黑色。"<sup>⊖</sup>也就是说，消费者只能选择是否购买 T 型车出行，而对车身颜色没有选择权，企业提供的客户价值是不完整的——企业控制着消费者的购买决策和选择。

一旦某种商品进入了供过于求的时代，权力状况很快就会发

---

⊖　布林克利.福特传：他的公司和一个进步的世纪 [M].乔江涛，译.北京：中信出版集团，2016.

生改变，客户权力会逐步超过企业权力。购买决策和选择是由客户决定的而非企业。此刻，企业能否提供完整的和差异化的客户价值，就成为它能否获得成功的核心决定因素。

但究竟什么是客户价值？客户会被什么样的价值打动，进而选择企业的产品和服务？再退一步，企业的客户是谁？他们应该是谁？能否对这些问题深入挖掘，决定了企业能否为客户提供价值。作为数字时代战略九大思维之一的价值思维，是企业制定战略的坚实基础。它不能，也不应该被配以模糊的描述。在这一节，我将深挖客户价值的内涵，帮助企业树立价值思维。

## 新世代商业决策的依据

当商业发展进入 21 世纪，特别是在 2020 年之后，数字化浪潮席卷全球。哪怕是在经济相对落后的非洲地区，智能手机和移动互联网也得到快速普及。据 ITU 发布的"Facts and Figures 2021"，2019 年至 2021 年期间，非洲的互联网使用增长了 23%。截至 2021 年 10 月，非洲整体网民数量超过 5.8 亿，互联网普及率达到 33%。非洲成了世界互联网及移动用户增长最快的地区之一。其中，摩洛哥的移动互联网普及率高达 84.1%（截至 2021 年 1 月）。[一]非洲地区地域辽阔、人口众多，互联网、移动互联网市场呈现"增长速度快、容量空间大"的态势。众所周知，互联网和移动互联网的发展是大数据、人工智能、云技术等数字化技术发

---

㊀ 传音开发者. 数字非洲 2022：非洲移动网络覆盖近 9 成人口 [EB/OL].(2022-02-25)[2023-08-12].https://zhuanlan.zhihu.com/p/472284167.

展的基础。由此可见，全世界正在快速深入数字时代。

数字化，正快速而坚定地张开一张大网，毫不犹豫地将整个地球纳入一个新时代。这首先意味着信息传递的快速和便捷。普利策奖三次获奖者托马斯·弗里德曼在《世界是平的》一书中推论：21世纪，数字化将抹平整个世界。如今看来，弗里德曼受到了美国价值观的影响。数字化的进一步发展，并没有抹平整个世界，反而加深了它的"沟沟壑壑"。原因是，人们在数字化平台上，不仅接收信息，还发出信息——整个世界中，不同的观点和价值观得以在全球"广播"。我们发现，原本没有发声机会的弱小群体，如今有了强大的表达渠道。整个世界正在朝着文化多元化发展。

这意味着，当企业制定战略，想要向市场提供一款产品的时候，对产品的评价，不再由企业单方面决定。以往，企业完全可以利用强大的资源来控制发声渠道，例如利用媒体来宣传、吹捧自己的产品，从而左右消费者的选择。如今，消费者更乐意忽视企业的官方宣传，转而从其他普通消费者的口中听取真实的情况，做出自己的购买决策。甚至，消费者还会从其他消费者那里发现某一款产品不同于官方宣称的用途。消费者个性化的价值观将商业决策的依据从"企业所能提供的"快速转移到"消费者认为什么有价值"这一全新标准之上。"官方宣称"的影响力越来越弱，再也无法强力地左右消费者的认知。

有社会学家将2000年后出生的人命名为新世代。借用这一概念，数字时代可命名为商业新世代。虽然我们无法清晰地把某一年定义为数字时代的元年，但每个人都清晰地意识到，不管愿意与否，我们已经处在这样一个商业新世代之中。旧世代和新世代的差别就在于企业做出商业决策的依据的变化。

旧世代中，企业可以根据自己的资源禀赋做出商业决策；新世代里，商业决策的依据将是"客户价值"。一家企业只有做出创造清晰的客户价值的商业决策，才能获得成功。企业自身的资源禀赋，如果不能为客户价值的创造提供服务，就会成为无用的东西。相应地，为了创造客户价值，企业要迅速积累所必需的资源禀赋，否则就会被时代抛弃。客户价值成了企业做出商业决策的核心依据。这是商业新世代中，成功企业要面对的唯一核心要求。它既简单，又复杂。简单的一面在于，这个要求并不难达到：如果企业专注于为客户某种需求的满足提供整体解决方案，将会创造巨大的价值。复杂的一面在于，相关能力的炼成需要企业对目标客户、客户身份、客户任务、客户需求、客户价值、客户消费心理等方面的问题进行深入的研究，并将研究结果与企业的商业决策联系在一起，还要根据商业决策，塑造全新的资源禀赋和组织能力。对于在旧世代中取得过成功的企业来说，这一转变并不容易——需要思维的突破、信念的转变、价值观的重建、新资源的积累、对原业务的整改，需要组织变革、人员更替、流程重塑、财务系统再建等一系列工程，还需要企业承受漫长的收入下滑期，从对确定性的追求转变为拥抱不确定性。面对思维转变背后庞大的组织能力的改变需求，并非每家企业都愿意接受这样的挑战。

因此，当变革发生时，并非每家企业都能在新世代中获得成功。

一旦企业能够依据价值思维做出决策，积极行动，将成为未来少数能取得成功的企业之一，有机会独自面对巨大的市场需求。从商业的本质来看，需求并不会因为提供者的减少而减少。这意味着，少数优秀企业将获得大部分的市场份额。马太效应就是这样作用于数字时代的商业体系的。

成功的企业之中是否有你，取决于你自身的抱负水平<sup>⊖</sup>如何和对价值思维的理解是否足够深刻，以及能否积极行动。如果你是一个渴望成功的人，那你必须树立清晰的价值思维，以获得商业新世代中的成就。

## 价值思维：利益相关者才是企业价值的决定者

客户价值到底该如何定义？一个模糊的词语不能指导企业形成战略决策。很多企业认为自己"殚精竭虑"地为客户创造价值，却不被客户理解。很多企业埋怨客户"不识货"，同时却为产品和服务的创新支付了大量的成本。成本是一个系统，除了资金成本之外，还有时间成本和机会成本。创新方面淹没大量的成本会导致企业错失为客户提供真正价值的创新机会。

为了确保企业能够提供真正的客户价值，从而获得收益而不是遭受损失，我们必须对客户价值做出一个清晰的定义。我们可

---

⊖ 抱负水平，又称志向水平，是指个体在追求成就或从事某项工作时，为自己设立的所要达到的成就目标。

以分析这两个维度，一是客户，二是价值。从客户的定义来看，大多数人会将客户理解成付款购买产品的"人"，其实不然，客户的定义要从"利益相关者"的角度来探究。企业战略理论研究结果表明，与企业利益相关的"人"，都是企业的客户，这是数字时代经济学伦理的要求。[⊖]利益相关者是指所有影响企业目标完成或受其影响的组织或个人，包括雇员、客户、供应商、股东、银行、政府机构，以及能够帮助或损害企业的其他组织。在利益相关者层面上对客户进行定义，显然是更本质的。

我们可以将企业的利益相关者分为两大类：第一类是企业内部的利益相关者，第二类是企业外部的利益相关者。

## 1. 企业内部的利益相关者

在一家企业内部与企业战略目标相关并受其影响的主要是股东、职业经理人和员工。股东向企业注资，当然希望企业能够有清晰的发展战略，从而保障自己在一定的时间内获得资本回报。股东承担了资金风险，获得合理的回报，就是他们最关心的价值。同时，职业经理人和员工加盟企业，也有自己关注的价值，如收入增加、成长空间、自我实现等方面的价值。

由此可见，股东所关注的价值和企业内部其他成员所关注的价值既矛盾又统一：职业经理人和员工如果要求高水平的薪资，股东的投资回报就会减少；如果股东坚持降低职业经理人和员工

---

⊖ 弗里曼. 战略管理：利益相关者方法 [M]. 王彦华，梁豪，译. 上海：上海译文出版社，2006.

的待遇，那么企业可能会流失人才，从而不能确保企业在市场中有足够的竞争力而获得足够的收入，这对股东投资回报会产生更长远的影响。高水平的管理要兼顾内部利益相关者的价值关注点，对各方相关利益进行平衡，促成多方的价值统一而非相互矛盾。

此外，显而易见的是，企业内部的利益平衡，源于外部利益相关者的贡献。

### 2. 企业外部的利益相关者

外部利益相关者中最重要的角色当然就是我们所熟知的狭义概念上的客户<sup>⊖</sup>。客户购买企业的产品，是所有行业价值链的终点。这意味着，是"支付费用完成购买动作"的客户，养活了整条行业价值链上的利益相关者。不过，在数字时代中，我们不能只关注狭义概念上的客户，还应将眼光放在其他外部利益相关者的身上，如企业的供应商、代理商以及任何一个能够促进企业发展的合作方，甚至企业所在地的政府机构。

在社会分工越来越精细的情况下，任何一个外部利益相关者都可能会对企业的发展起到巨大的作用。企业进行产品创新时，如果没有供应商相应的支持，创新产品就可能消弭在理论阶段，而无法进入市场获取利润。代理商的价值也是不能忽视的。代理商往往比企业更贴近市场，承担着企业产品的销售以及售前服务、售后服务、客户需求研究、竞争对手信息搜集等重要工作。在数

---

⊖ 也就是买方客户、消费者。在本书中，除特别注明之外，"客户"和"消费者"都指代买方客户。

字时代中，企业进行数字化转型的愿望越来越强烈，但这一目标的达成需要企业外部多方相关者的共同合作。比如，企业要向大学、科研机构获取大数据、物联网、人工智能等方面的技术支持；要和银行以及风险投资人建立关系，为企业发展募集资金；更要关注政策是否支持企业的战略，争取政府机构和社会的支持。

由此可见，内外部的利益相关者对企业的发展至关重要。企业能否提供他们关注的价值，能否获得他们的支持，成了促进还是制约企业发展的核心要素。因此，我们可以将"利益相关者"作为广义概念上的客户。

明确了客户广义上的概念，接下来我们就要分析与企业利益相关的个人、组织都有什么价值主张。一家企业能否创造价值，是否创造了高水平的价值，不是企业自己能够做出评判的。每家企业都认为自己的存在有价值，但真正的裁判是企业的利益相关者。从企业内部来看，股东关心的是自己的资本投资回报率和投资利润的持续时间；职业经理人关心的是收入和职业发展前景；员工更在乎收入能否保障基本的生活，以及自身的晋级和成长。拥有价值思维的企业管理者要关注企业"内部客户"的价值主张，为不同的利益相关者提供价值获取的机会和平台。

从外部看，客户之所以购买企业的产品，本质上是要寻找更好的方式来完成自己的任务；供应商关注企业的采购金额以及能否从企业获得使自己进行技术改善和创新的机会；代理商除了要获取产品的销售利润，还希望企业能够给自己提供更多维度的市场指导以及培训，并会要求企业能够快速响应客户需求；政府机构想要获得税收，并且希望企业能够提供就业机会；大学和科研机构希望为自己的专利技术寻找落地创造经济价值的机遇；银行和风险投资人希望能够在企业发展的过程中获得利息收入和投资收益。这些不同的利益相关者构成了一个企业价值需求系统，一家企业需要为系统中的利益相关者创造价值，才能获得持续发展（如图 3-6 所示）。

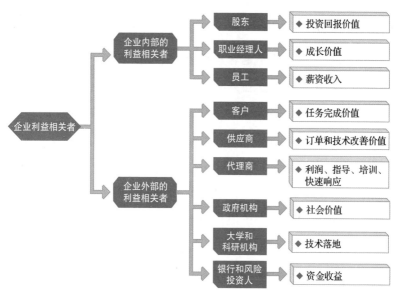

图 3-6　企业利益相关者分类

不难发现，内外部的利益相关者才是企业创造的价值的评判者。不同角色的利益相关者关注的价值各有不同，因此，他们会对企业创造的价值有不同的评价。

结合整个企业价值需求系统来看，企业所要创造的核心价值应该是围绕着客户这一中心来展开和实现的。最为关键的企业价值其实是客户价值。这一结论可以通过对任何一个行业的价值链和价值网进行分析来得出。企业所创造的客户价值是否足够，决定了其能否协同整个价值需求系统。因此，企业所创造的关键价值就是卓越的客户价值，只有有了这一价值，企业才能创造其他价值。这意味着客户是企业价值需求系统最重要的评判者，有"一票否决权"。因此，数字时代，每家企业必须拥有"客户价值的客户视角"。

什么是"客户价值的客户视角"呢？简单来说就是从客户的立场和角度出发来对企业产品的价值做出判断。这意味着，企业的产品是否有足够的价值，做出判断的主体应是客户而非企业。也就是说，一款产品是否包含足够的客户价值，并不在于企业在开发这款产品的过程中投入了多少资金、人力，融入了多少技术，采用了什么原料，而在于客户做出了怎样的价值判断。这要求企业全力塑造客户可感知价值，而不是依据自己的臆测，靠堆砌投资和科技要素、高端原材料来设计新产品。

## 塑造客户可感知价值

塑造客户可感知价值有两个维度，一是使客户认可企业的产品，二是使客户愿意为自己感知到的价值支付费用和高溢价。如果企业通过创新塑造了一些让客户无感的价值，或者客户对产品的创新价值赞不绝口，却不愿意为此付出更高的费用，那么我们就可以做出判断：这样的创新是不完善的。

我们可以用"客户付费意愿"（Willing to Pay，WTP）来衡量企业创造的价值。企业的价值创造可以获得高 WTP，那就证明企业塑造了客户可感知价值，从而可以判断企业的产品战略方向正确，对客户需求的理解深刻；反之，企业需要回到"客户任务思维"阶段去，对客户需求重新进行挖掘和分析。

市场调查人员可以对 WTP 采用 10 分制来测试，请客户试用样品并打分。数据分析人员可以根据对问卷的简单分析得出结论，并将其反馈给企业的创新部门。这样一来，即便是不能完全杜绝企业因做出客户可感知价值低的创新产品造成资源浪费，也至少能在很大程度上提升创新的效率。

实际工作中，我们还会看到 WTP 应用的另外一种作用：如果某款产品的完善程度没有达到创新部门的要求，但 WTP 测试得分很高，这可能意味着市场急需类似的产品。同时，意味着目前这款在创新部门人员心里还不完善的产品，已经成了能满足客户需求的"最小可行性产品"。在竞争激烈的科技产品和消费产品领域中，及时推出"最小可行性产品"，接受大范围的市场测试是非常有必要的战略举措。尤其是在移动互联网时代，很多平台型 App 具有网络外部性价值<sup>⊖</sup>，及早地推出产品会给企业带来巨大的优势。在客户需求不稳定且变化剧烈的领域内，企业可以通过对"最小可行性产品"的大规模测试来快速搜集客户使用、反馈信息，进而快速迭代产品。这其实对应埃里克·莱斯在《精益创业：新创

⊖ 网络外部性价值的相关内容，详见本书"网络外部性思维"一节。

企业的成长思维》一书中所提出的核心观点，后被称为"最小可行性原则"。

## 利益相关者的数字化分析

大多数企业并未能从利益相关者的角度来思考"企业的'客户'⊖到底是谁?"这个问题。这种情况下，一旦企业因为需要适应新趋势而发起战略变革，新战略的执行落地往往会受到各类利益相关者的阻挠。客户是整个利益相关者团体的关键，但在战略变革最初的阶段，企业显然还不能有效推出创新产品，这意味着，如果忽视对"客户"⊜到底是谁的理解，"客户"⊜还未能和企业的创新产品见面，创新便已"胎死腹中"，更遑论呈现战略变革的其他效果。

这是大多数战略变革项目不能执行落地的核心原因之一。原有战略体系下的既得利益者会阻挠企业所有可能影响自身的改变，如：老员工不想学习新兴技术，股东不想为虚无缥缈的未来投资，创始人团队不想承担风险，供应商不想投资优化产品等。

其实，企业的每个利益相关者都有关于自己的利益考量，但是他们不会将这些想法公之于众。毕竟，以私利作为抵御变革的理由是拿不到台面上的。很多人将利益相关者问题归咎于人们之间缺乏沟通，由此，围绕着"沟通"这一主题有大量的培训、咨询、图书。在我看来，利益相关者问题，首先是利益分析问题，

---

⊖⊜ 此处的"客户"指利益相关者。

⊜ 此处的"客户"指最终购买产品的一方。

其次才是沟通问题。当利益分析的功课做得足够深入时，沟通反而成了最简单的。因此，我更认同以提问而不是把自己的假设强加给别人的方式来理解利益相关者的想法。

不过，提出好问题实在不是一种简单的技能。它需要你有特别独特的洞察能力和同理心。不然，利益相关者很容易因激进问题感到愤怒，这反而会破坏互相理解的基础。

数字时代中，企业如能搜集所有利益相关者的信息数据，就能对其做出更好的分析。一家管理咨询公司基于传感器设备开发了一个被称为"社会测尺"的利益相关者分析工具，用于提升企业的管理水平。简单来说，社会测尺就是一种数字化记录设备，咨询顾问将这种设备放置于企业办公场所中员工会进行非正式沟通的地方，例如茶水间、财务室、几人间的办公室、大型开阔办公室的工位。之后，咨询顾问将对这些设备记录的信息进行数字化分析，提取关键词，确定某些信息的价值，帮助企业管理者找到管理优化的办法。[一]你可能会感到这是对个人隐私的侵犯，但实际上，咨询公司是在和企业管理层签订了严格的保密协议，并告知员工非正式沟通的相关内容将会被记录下来之后才实施这项措施的。保密协议规定：任何管理层人员都不得调取记录内容。同时，咨询顾问向员工保证，对信息的分析结果只用于为他们提供价值。这项数字化管理咨询手段，帮助多家企业的员工找到了更合适的内部岗位，很多人因此干上了自己热爱、梦寐以求且能展现才华的工作。这是一个典型的为内部利益相关者做出贡献，同

---

㊀ 库克里克.微粒社会[M].黄昆，夏柯，译.北京：中信出版集团，2018.

时为企业优化管理效率并发现和留住人才的案例。

当然，社会测尺不适合一些信任水平比较低的环境。在信任水平低的环境中，社会测尺只会引起麻烦和猜忌。但在信任水平高的环境中，我们看到这种数字化管理优化手段，正在为企业创造巨大的价值。随着数字化手段和传感器类型的增多，我们将有更多的办法来理解企业内外部利益相关者的真正想法。比如，我们可以深入理解供应商的生产流程，进而在向供应商提出生产创新要求的同时，能给出低成本的改善建议；当需要向股东、投资者说明战略变革的必要性时，我们可以将搜集来的竞争对手的关键信息，以及新战略未来能创造的价值巨大的市场收入数字模拟演算结果，提供给他们，打消他们的顾虑进而获得支持。一旦数字化将企业的经营过程透明化，利益相关者对战略变革的疑虑和担忧就会在很大程度上得到缓解，战略变革将获得更多的支持，同时能提高信任水平。

此外，当企业获得成功要对所得的利益进行分配时，众多的利益相关者总会认为自己做出的贡献最大，理应分得更多的利益。有些利益之争是关于利益本身的，有些则是关于成就感和贡献是否被认可的。这就是我们常看到、听到的一些关于"贫穷带来团结，富贵反而分崩"的创业故事的肇因。能否处理好这类事件，有时成了企业能否持续发展的决定因素。如果我们可以用数字化的因果关系模型来分析企业成功的原因和大家的贡献，那么个人贡献的微弱价值将一目了然。人们并不完全是自私的（就像道格拉斯·麦格雷戈在《企业的人性面》当中提到的一样，换一种对人的基本假设就会得出其实大多数人都是"Y型人"的结论——勤奋、上进,愿意付出努力,聪明并有足够的学习能力),这些人之间产生利益之争,只是因为他们对企业成功的原因和其他人的贡献不了解。当企业数字化运营平台构建出来,呈现整个企业的运作流程时,人们自然而然地就会发现成功过程中别人的贡献,争利之心自然消弭殆尽。

同时,我们不难看出,数字时代的企业战略伦理问题将成为一个重要的问题。对数字化平台有掌控权的人,对数据有修改能力的人,甚至可以左右其他人的思想。这意味着,一旦有人为了自己的利益,恶意修改数据和呈现方式,那将使他获得对其他人的思想和行为进行操控的能力。如何杜绝这种情况的发生,让数字来反映真实的情况,将是未来企业战略伦理方面的重要课题。

## 创造客户

当我们拥有了价值思维,能够从利益相关者的角度来审视企业所创造的价值并依此制定企业战略时,自然而然地就打开了认知升级的通道。这意味着我们可以重新构建企业的战略和商业模式。例如,互联网公司常常把原本属于"内部员工"的利益相关者转变为"客户":滴滴公司签约的驾车司机,在传统的出租车公司中的身份是员工,但在具有互联网气质的滴滴公司里,他们其实是客户的角色;天猫平台上的商家,在传统商超公司中的角色也是员工,但在天猫平台上,它们的身份就是客户。

这意味着,你可以将企业的员工角色转变为客户角色。这是数字时代中创造客户的一种方式。你还可以从客户的数字画像当中寻找客户任务，然后通过提供更好的客户任务完成方式来创造客户。例如，我所了解的一家企业，本来是经营婚纱摄影的影楼，却因为洞察了客户任务并为之提供解决方案，转变为一家拥有婚纱摄影小镇（基于众筹模式，将消费者转变为投资人）、摄影师合作团队、婚纱销售互联网平台、婚庆服务、旅游服务的综合集团性平台企业。在这个过程中，他们创造了到婚纱摄影小镇旅游的游客（客户）；将摄影师的员工身份转变成了客户身份；将婚纱设计、制造的供应商转变成了互联网平台的客户；因为提供了就业岗位、贡献了税收，获得了婚纱摄影小镇当地政府的支持，成了地方政府认可的"城市名片"，从而将政府的管理者角色变成了官方宣传大使（如图 3-7 所示）。

图 3-7　创造客户的方式（示意）

当你能够依据价值思维洞察整个商业版图时，就会发现，成本中心和利润中心其实在底层逻辑上是可以互相转化的。你可以创造客户，让属于成本中心的角色（员工、供应商等）转变为利润中心的角色。

数字时代中，竞争异常激烈，客户对产品性价比的追求日益增强，根据价值思维来创造客户，对企业发展来说至关重要。

## 新时代的价值创造与传递

数字化将会快速转变商业范式。就像汽车替代马车成为主流交通工具之后，围绕着马车在数百年间建立起来的行业生态结构（涉及马车生产、维修、配件、装饰及马粪处理等行业）轰然倒塌一样，数字化建立的商业新范式会快速摧毁现有的商业结构。如果企业不能树立价值思维，很难在商业范式转换的过程中发现新的价值创造机遇。这意味着什么，企业家应该更为清楚。

就目前数字化的发展态势来看，企业对原有商业模式进行颠覆迫在眉睫。ChatGPT 在 2022 年年末首次登台，短短几个月之后，人们便感到它正在以人类无法理解的速度疯狂进步——今天的 ChatGPT 已经和昨天的它截然不同。随着数字化进程的加快，在不远的未来，这类大模型的迭代速度可能按分钟、秒、毫秒来计算。其实，最令人感到兴奋又令人深深担忧的并非这类大模型单独的发展，而是数字化技术展现出来的强大的能力和进步的速度。试想，如果所有与数字化相关的技术及生态都按照这类大模型发展的路线来进步，那么，科技将会促使政治、经济、社会及其本身发生巨大的变革。正如尤瓦尔·赫拉利⊖（Yuval Harari）在《未来简史》中表达的，未来的人很可能会被分为两类：一类是掌

---

⊖ 尤瓦尔·赫拉利，1976 年生于以色列，牛津大学历史学博士，青年怪才、全球瞩目的新锐历史学家。

握了新兴技术的"神人"，一类是没有什么用的人。在这个过程中，商业范式可能会快速切换，之前人们的价值主张可能会快速转化为新的价值主张。如果企业无法适应这种快速变化，那么将会被无情地淘汰。因此，当企业思考以年为单位的战略时，必须建立强大的价值思维，如此方能快速洞察企业利益相关者、客户价值的发展趋势，从而找到符合趋势的能创造价值的战略。

从价值传递的角度来看，一旦企业能够创造出高 WTP 的客户可感知价值，那么价值传递的速度将会是惊人的。你不必像之前那样，挑着货担，翻越千山万水只为把产品卖给消费者，传递价值。你只需在各类层出不穷的短视频平台、电子商务平台、软件应用市场等地方，让具有客户可感知价值的产品露个面，就会触达数千乃至数万消费者。之后，你所创造的价值，将会快速被消费者感知。

当进一步的数字化把人类和商业历史带到"万物互联"的时代中，更可能发生的是，一款产品是否创造了卓越的价值，将不再由人类来慢慢体会和感知，而由人工智能通过计算的方式来做出判断和推荐。让人欣慰的是，到那个时候，或许再也没有因为"巷子深"而被埋没的"酒香"了。同时，让人感到恐慌的是，人们将在某种程度上失去自己的决策权。

在这一切来临之前，企业必须建立价值思维，积极努力创造新的客户价值，从而获得后续发展的动力，为迎接数字化浪潮做好准备。

CHAPTER 4
第四章

# 修炼"内功"的六大战略思维

## 第一节　终局思维：面向未来战略的情景规划

时代塑造了很多成功的企业家，这些人似乎对商业发展趋势有着与众不同的洞见。

20 世纪末，互联网对于全体中国人来说还是一个新的概念。直到 2000 年前后，国内才开始推广 ADSL 技术。在这之前，国人面对的平均网速，仅仅从每秒 56K 提升到 128K。[⊖]现在的年轻人估计并不知道，最初，当人们想要登录互联网时，需要用拨号路由器拨号上网——这个被称为"猫"的设备，会发出"嘀嘀嘀"的拨号音。那时，人们在网页上打开一张高清图片时，这张图片

---

⊖　IT 时报. 中国宽带简史：从第一位宽带用户到房间"G 时代"[EB/OL].（2021-05-20）[2023-11-21].https://www.jiemian.com/article/6110461.html.

会逐行慢慢显示，而不是像今天这样，点开链接就能看到完整的图片。在这样的状态下，如何才能看到未来整个互联网时代的宏大蓝图？

凡能在企业战略上有特殊远见的人，都具有同样的素质：他们总能看到别人看不到的东西。早在 20 世纪 90 年代，美国麻省理工学院媒体实验室的创办人尼古拉斯·尼葛洛庞帝⊖（Nicholas Negroponte）就用一本《数字化生存》敲开了数字时代的大门。当时的人们对这本书所描述的未来世界"窃窃私语"。虽然碍于尼葛洛庞帝计算机科学家的身份，没人公开表示《数字化生存》是"科幻小说"，但人们"交头接耳"，认为它不过展现了一位疯狂的科学家的疯狂想法而已。约 20 年之后，当这本书再版时，全世界的人都看到了当初被他们当成电影里"疯狂的科学家"的这位学者的远见卓识。

同样，在尼葛洛庞帝之前，亨利·福特预测到了"车轮上的美国"，带着这份愿景，他真的用 T 型车"把美国搬上了车轮"。

这些人为什么可以预测未来？如果我们能够找到这种预测能力的来源，然后掌握它，是不是普通人也可以预测未来？

以上问题的答案其实很简单：这些人并非具有特异功能，而仅仅是看到了科技发展的轨迹，再靠着自身所具有的想象力做出了判断。这种能力的背后，其实是一种思维方式在起作用，它就

---

⊖ 尼古拉斯·尼葛洛庞帝，美国计算机科学家，他最为人所熟知的身份是麻省理工学院媒体实验室的创办人兼执行总监。他还是《连线》杂志的专栏作家，著有全球畅销书《数字化生存》。

是终局思维。

## 终局思维：塑造预测洋流方向的能力

当你伫立在任何一个海岸边，极目远眺，观察海浪掀起的每一波浪花时，应该不会想到要预测下一波浪花会是什么形状。这是一个"毫无意义"的问题，任何人都无法预测到下一波浪花会是什么形状。

但如果让你预测在极远的大洋深处，有什么样的洋流，于何时从何地流向何处，却只需要你具备初高中地理知识，预测到并不是什么特别了不起的事情。这意味着，如果我们想要掌握预测洋流方向的能力，只需要运用已有的知识就行了。

没错，与此类似，我们无法预测一个小时之后、明天、后天会发生的事情。但是，几乎每个人都会对未来十年一定会发生的事情有自己的预测。可为什么只有很少的人能从对未来的预测中受益呢？这源于人们平时并没有认真对待自己对未来的看法。如果人们能够认真对待它，就能从中获益。同时，人们总是倾向将任何一个词语的含义想得过于简单，例如战略终局，很少有人能仔细思考这个词语背后的含义。

在我看来，所谓战略终局，并非指一个固定的时间段以后某件事的状态。从现在到战略终局的时间长短是相对的。你不能把战略终局理解为一千年或一万年以后的状态，这样的时间跨度超越了人类的寿命，即便宏大的思考框架让人佩服，却没有意义。

当然，战略终局也不是下一周或下个月的状态。

对于行业来讲，战略终局，强调的是在战略的一个或几个周期结束之后，某一行业应该有的状态。不同的行业有不同的战略周期。如果以最简单的方式来理解什么是战略周期，你可以将其理解为企业能持续获利的周期。你是否意识到，每家企业在创立的时候都做出了战略上的选择，就像德鲁克"经典三问"<sup>⊖</sup>的第一问所问，任何新创立的企业都要回答"我们的事业是什么？"这一问题。一旦企业对这个问题做出了回答，并且答案符合环境内含的发展趋势，那么，企业将进入一个获利阶段。这意味着，企业开启了一个战略周期。在这个战略周期内，企业靠着自身提供的产品和服务以及它们背后独特的客户价值来获利。利润可能是慢慢增长的，然后持续攀升，最后稳定在一个数值。因为能持续获利，所以会引发竞争。竞争源于两方面：一是竞争对手开始提供高性价比的同类产品和服务；二是客户需求发生改变，并要求企业凭借创新能力应对。随着竞争加剧，企业在原有产品和服务上的获利能力逐渐减弱，必须寻找新的增长领域。这也就是查尔斯·汉迪<sup>⊜</sup>（Charles Handy）提出第二曲线的基础。借用汉迪的说法，战略周期就是企业从获利到衰退，需要开始寻找第二曲线的这个时间段。

---

⊖ 德鲁克曾提出著名的"经典三问"：①我们的事业是什么？②我们的事业将是什么？③我们的事业应该是什么？

⊜ 查尔斯·汉迪，欧洲最伟大的管理思想大师之一。英国《金融时报》称他是欧洲屈指可数的"最像管理哲学家的人"，并把他评为仅次于德鲁克的管理大师。

开启第二曲线，就意味着企业需要调整或者重新制定战略，开启一个新的战略周期，直到企业能够重新进入增长赛道。

战略终局是由经过一个或者几个这样的周期之后的企业状态确立的。决定战略终局所包含的战略周期数量的是：企业在几次发展和增长的过程后，发生了根本性的变化？我们可以借用托马斯·库恩的"范式"来定义"根本性的变化"。简而言之，所谓战略终局，其实就是一个商业范式结束时企业所呈现的状态（如图 4-1 所示）。

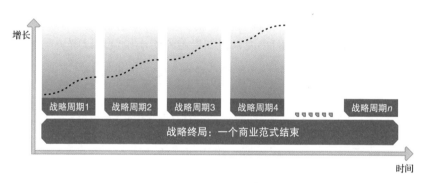

图 4-1 战略终局、战略周期以及企业增长关系示意图

从这个意义上来说，不同行业的战略终局所包含的战略周期数量是不同的。在高速发展的科技行业、如电子产品行业，到达战略终局可能仅仅需要 10 年、20 年。智能手机系统性地摧毁非智能手机，仅仅用了不到 20 年的时间。相反，能源行业到达战略终局可能仍要上百年，经历多个战略周期。

事关企业发展的综合性战略，无非是创始团队实现战略终局过程中的"时间上的刻度"而已。战略终局可以包含企业的战略愿景、多个战略周期（增长曲线），甚至整个企业的生命周期和行业周期。为长远计，我们应建立终局思维，从而在制定当下的战略时，更有洞察力；在执行当下的战略时，更有定力。

终局思维，让你预见洋流的方向！

## 终局思维：源于科技概念的雏形

那么，这是否就意味着我们可以坐在家里，依赖"白日梦"来揣测企业的战略终局呢？战略终局是否有迹可循？如果终局思维只强调想象力，那和科幻小说也就没什么不同了。当然，很多创新的产品就源于科幻小说，但如果看科幻小说就可以解决问题，比如找创新方向，那就没必要在商业图书中"大书特书"了。

终局思维，必须有迹可循。

我们知道，商业发展会促进经济发展，而经济发展会产生新的商业需求，企业是这一增长闭环的载体。那么，企业发展必然依赖商业发展和经济发展。因此，战略终局的轨迹，必然诞生于能引发商业范式变革和促进经济发展的强大动力。这种动力究竟是什么呢？

桥水投资的瑞·达利欧在《原则：应对变化中的世界秩序》一书中分享了一张1500～2000年全球实际人均GDP增长曲线图（以2017年美元为基准，取对数值），如图4-2所示。

从这张图中，我们不难看出，从1500年到1800年这300年间，全球实际人均GDP增长曲线基本上是一条缓慢上升且斜率不大的直线。变化发生在 1800 年之后。1800 年附近的时间段究竟发生了什么事，能促进全球实际人均 GDP 开始呈现指数型增长的态势？你立即就会想到"第一次工业革命"。没错，就是第一次工业革命，它兴起于 18 世纪 60 年代，终结于 19 世纪 40 年代。第一次工业革命最显著的特征是，因为蒸汽机技术的开发和应用，机械力代替了人力——人类社会走进了规模化生产的时代。

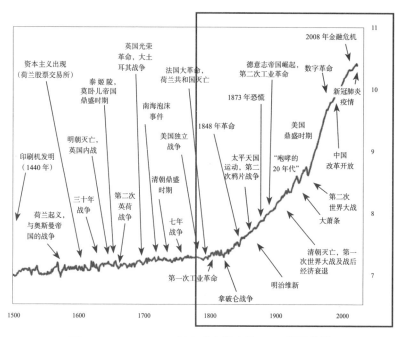

图 4-2　1500 ～ 2000 年全球实际人均 GDP 增长曲线

资料来源：达利欧 . 原则：应对变化中的世界秩序 [M]. 崔苹苹，刘波，译 . 北京：中信出版集团，2022.

紧跟着第一次工业革命的是第二次工业革命（发生在 19 世纪

下半叶至 20 世纪初），它以电力技术的广泛开发和应用为标志，促使人类进入电气时代，因此也被称为电气革命。然后，就是被称为信息技术革命的第三次工业革命（开始于 20 世纪四五十年代），以原子能、计算机、空间技术和生物遗传工程的发明和应用为主要标志。目前，人类正在经历以移动互联与智能制造为主导的第四次工业革命，它以革命性的生产方法为标志。

如果我说，这几次工业革命给全球实际人均 GDP 带来了指数型的增长，相信没人会反对。从 1800 年到 2000 年的 200 年里，世界经历了战争、瘟疫、大萧条等各种动荡，都没能阻止全球实际人均 GDP 的增长。这意味着，只要工业革命持续进行，经济增长就不会长时期停滞。可见，工业革命是经济发展的根本性动力。更进一步，我们会发现这段历史时期的经济增长是"双增长"。1800 ～ 1999 年，全世界人口从约 10 亿增长到约 60 亿。⊖人均 GDP 的指数型增长，意味着经济总量的增长更为迅猛。因此，我们完全可以做出判定：持续的工业革命推动了经济的快速增长，而且这种势头仍不会停止。

由表及里，工业革命的背后，实际上是科技在工业等各个领域中的应用。因此，科技发展才是引发商业范式变革和促进经济发展的核心动力。

这意味着，探寻战略终局的轨迹，先要看透科技发展的脉络。如果洞察到这一点，你就很容易把握自己企业的战略终局了。对

---

⊖ 环球科学. 世界上究竟有多少人？[EB/OL].（2021-01-29）[2023-11-21]. https://huanqiukexue.com/a/qianyan/diqiu__ziran/2021/0129/31090.html.

科技发展的脉络进行研究的同时，加上一点自己对新兴技术发展趋势的想象力，行业战略终局的影像立即变得清晰了——终局思维源于科技概念的雏形。

我们可以通过一些行业的历史来印证上述结论，比如互联网行业。互联网的发展历史显示：互联网始于美国的阿帕网（即国防部高级计划局网络，ARPANET），后转为民用。测试人员在尝试进行第一次互联网连接时，仅仅在网络中传输了"LO"两个字母。关于这项伟大技术诞生的那一瞬间，《互联网时代》纪录片<sup>⊖</sup>的主创团队在同名图书中写道：

> 1969 年 10 月 29 日晚上 10 点 30 分，聪明而辛勤的人们终于等到了这一刻。伦纳德·克兰罗克<sup>⊜</sup>和助手在洛杉矶的这个房间里落座，另一端，斯坦福研究所研究员比尔·杜瓦在 500 多公里之外等待着他。
>
> 事实上，落座历史关头的人们表达的雄心极其有限。他们只准备以新时代的方式，从洛杉矶向斯坦福传递 1 个包含 5 个字母的单词——LOGIN，意思是"登录"。
>
> 克兰罗克回忆说："我们输入'L'，我们问比尔'L'有了吗，他说有了。输入'O'，问有'O'了吗，有

---

⊖ 中央电视台出品的 10 集纪录片，由石强、孙曾田执导，于 2014 年 8 月 25 日开始播出。

⊜ 伦纳德·克兰罗克，互联网发明者之一，美国计算机科学家，加利福尼亚大学洛杉矶分校教授。

'O'了。输入'G'，问有'G'了吗，'啪'，死机了。"

仪表显示传输系统突然崩溃，通信无法继续进行。世界上第一次互联网络的通信试验，仅仅传送了两个字母"LO"！

"第一条令人意想不到的互联网上出现的消息是'LO'，就是'呦，您瞧'里面的'呦'。现在你想一下，'呦'和'您瞧'碰在一起了，这真是注定要发生的妙事啊。"克兰罗克兴奋地说："我们没预先设计这条消息，但它呈现的东西是这么有先知的意味，有力而简洁，纯凭运气。我想我们大概为互联网的开端，传出了一条最佳的消息。"

当时克兰罗克用的网络路由器，竟然和现在的冰箱一样大，就算如此，它也只在相距500多公里的两地计算机上传输了2个字母。如今，几乎每个家庭里面都有像一块大点的积木一样的小盒子，通过它，我们可以遨游全世界。在互联网转为民用后没多久，尼葛洛庞帝就用他的《数字化生存》预测了互联网直到今天的发展——还没完，他构建的数字世界正走在实现的路上。

由此，我们不难想象，发明第一台简陋的蒸汽机的人、发明第一颗点亮不了多久的灯泡的人、第一个发现了一种黑乎乎的黏稠液体的人以及第一个通过打孔纸带来计算的人，他们对面前这种不起眼的东西，充满了对其终局的想象。正是这些想象，造就了今天的世界。

普通人如何了解科技概念的雏形呢？在互联网时代中，这并不困难。美国科技咨询公司 Gartner 每年都会发布"新兴技术成熟度曲线"<sup>○</sup>（如图 4-3 所示）。每年你要做的只是发布后打开 Gartner 的网站，搜索并下载这张图，然后组织人员对上面的新兴技术和它们能产生巨大影响的时间进行研究，就可以了解世界范围内可能具有终局影响力的创新科技。

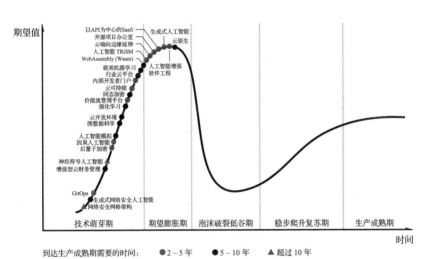

图 4-3 2023 年新兴技术成熟度曲线

注：数据统计时间截至 2023 年 8 月。

资料来源：Gartner 官方网站。

在新兴技术成熟度曲线这张图中，你可以看到很多新兴技术的名称。你可以聘请一个小小的团队（甚至可能只有一个人）来帮

○ 新兴技术成熟度曲线有助于人们了解某项技术或应用如何随时间不断演变，是可靠的洞察来源，有助于人们在特定的业务目标背景下管理、部署。

你解读这些技术。只要这个团队的人员具有本科以上学历，并且是理工科的背景，通过网上搜索和阅读相关文章，不难完成对新兴技术的解读。最后，根据这些技术的类型和应用场景，加上你的想象力，你就应该能知道，它们当中的哪几项对你们企业所在的行业会产生巨大的影响。

## 战略终局其实是有迭代性的，并非一成不变

在你有了对自己企业或者行业的战略终局的看法之后，也并不意味着它是一成不变的。新出现的科技可能会改变战略终局，同时，原有的科技能否成熟起来，能否得到广泛采纳从而形成新生态也是有待考察的。可无论如何，你起码能依赖终局思维，在激烈变化的时代中寻找一条不变的轨迹。这种能力，让你们企业随时可以在创新的"大概率成功窗口期"⊖加入战局。

一旦加入了战局，企业就能"身临其境"地体会科技生态的形成，由此，对战略终局进行迭代，并非难事。目前看来，人工智能会带来商业范式的变迁。对有标准答案的问题来说，人工智能能够提供最好的答案；而对没有标准答案的问题来说，它似乎还"一筹莫展"。尽管如此，人工智能将对教育、医疗、社会工作、政府机构等提出新的挑战，也会对各行各业的发展提出新的要求。如果一个商业机构的客服人员还只能针对消费者的需求给出机械性的答复，他必然会被人工智能淘汰。如果学校还只安心于填鸭

---

⊖ 大概率成功窗口期是指项目能够有最大成功概率的时间窗口期。详细解释请见 2020 年本人在北京燕山出版社出版的《极速增长：企业扩张策略》。

式地传授知识，而不是启发学生对同一问题产生不同的想法，那么，人工智能老师很快就会比人类老师更具实力。看看我们身边的世界，有多少刻板的规定，有多少依赖刻板规定而行动的人，他们都是人工智能替代的目标。

目前为止，没有人能判断是否会有强人工智能出现；这些算法的组合能否真正地理解人类；这些按照神经网络布局的学习代码能否真的能产生意识……一切都尚未可知。弱人工智能就足以改变世界了，而能改变世界的，一定会带来新的战略终局和新的商业范式。

至于范式切换过程中，什么样的企业能获益，那要看企业团队对战略终局的想象力和推动力是否足够。同时，还要看团队在自有业务中融入新兴技术的能力以及对战略终局进行迭代的能力。掌握终局思维，对获得上述能力显然是有巨大好处的。

此外，如果你想把对技术发展的洞察转化为商业上的成功，还要根据新兴技术的特点创新商业模式。

要想达到战略终局，需要不断根据技术发展创新商业模式

并非每一家处于新兴技术创新领域内的企业都能获得商业上的成功，也并非每个看似是新兴技术代言人的商业人士都能准确找到将自己的战略终局构想变成现实的路径。他可能在某个地区、国家能获得成功，但不见得在所有地区、国家都能获得成功。这意味着，技术创新必须与商业模式创新结合起来，才能给企业带来巨大的价值。

梅格·惠特曼曾被评为世界上最有影响力的商界女性之一。在她担任 eBay 的 CEO 时，曾经斥 1.8 亿美元巨资收购易趣网，试图凭此进入中国电子商务市场，却没想到折戟沉沙。相信，梅格·惠特曼对互联网时代的战略终局有深刻的洞察，但在实践中，她却因为根深蒂固的观念——"免费"不是商业模式，并未取得想要的成功。

技术创新是有一定之规的，而商业模式创新，一定要建立在对目标市场的深入理解上才能获得成功。中国当时的互联网普及率并不高，人们不太相信能把自己的产品通过"一张看不见的网"卖给陌生人，除非叫他们免费试试。因此，在中国电子商务发展的早期，阿里巴巴在相当长的一段时间里坚持为商家提供免费的入驻服务。这让阿里巴巴成了中国目前最大的电子商务平台之一。

当你发现一项新兴技术可以改变世界时，你最好深入地思考如何将其商业化。这需要对新兴技术的优势和相关的成本结构进行深入的分析。比如，对电子商务平台来说，新增一个数字货架并不会给自己带来大幅度的成本增加，甚至感觉不到这对成本的影响。因此，完全可以让使用者免费使用。特别是在一个新的商业现象还需要通过"教育市场"来促进人们对它有所关注和理解的时候，"免费"是一种极好的方式。

围绕着新兴技术开发产品和服务，创新商业模式和盈利模式，是让企业能够在走向战略终局的过程中持续盈利的基本保障，也是企业最终能把自身对战略终局的想象变成现实的不二法门。

## 终局思维：有助于形成有关商业新范式的洞见

下一个商业新范式会是什么？什么行业将被彻底地改变，以至于所有围绕着这个（些）行业的商业体都会因为商业范式转变而丧失活力？

近视镜企业的竞争对手并不是某个新的近视镜品牌，而是全飞秒激光手术<sup>⊖</sup>；平庸医生的竞争对手可能不是某位优秀的医生，而是医学人工智能；健身房的竞争对手可能不是不远处新开的健身房，而是 VR 设备；<sup>⊜</sup>酒店和航空公司的竞争对手极可能不是其他酒店和航空公司，而是全息影像<sup>⊜</sup>视频会议系统……

无数你认为理所应当的事情，正在发生巨大的变化。如果没有终局思维这副"思维眼镜"，你很难从每天亲见的事实当中发现商业范式正在快速转变这一本质。若你在酒店乘电梯时，遇到送外卖的机器人，它告诉你，它要给你表演"隔空按电梯"的魔术，你或许只会一笑而过。戴上了终局思维这副"思维眼镜"的人则会透过事情的表面现象，看到很多酒店服务人员将会失业，无人服务智能酒店将会兴起，进一步会想到未来所有与酒店服务人员相关的培训、课程、专业和学校将会发生极大的结构变化。在这

---

⊖ 全飞秒激光手术是国际上最先进的角膜屈光手术模式之一。全飞秒激光手术不需要制作角膜瓣：对角膜的基质层进行两次不同深度的激光爆破，形成一个基质透镜，再通过一个 2～4 毫米的微切口将透镜取出。

⊜ VR 用于健身行业，会让人们在玩游戏的过程中实现健身的目的。

⊜ 所谓的"全息"即"全部信息"，是指用投影的方法记录并且再现被拍物体发出的光的全部信息。全息影像是真正的三维立体影像，观看者不需要佩戴立体眼镜或其他任何辅助设备，就可以在不同的角度用裸眼看到立体影像。

个过程中，某种商机就会"凭空出现"。例如，如何保障智能酒店系统不被黑客攻击？如何保障住客的个人隐私？如何为酒店服务人员寻找新的工作，让他们获得新的技能？

当一个行业中已构建的体系轰然倒塌时，无数的新机会就会涌现。"一鲸落，万物生"，创新的机遇往往来自商业范式转变对旧体系的冲击。我觉得，对于想要在商业上取得成就的人或者企业来说，终局思维这副"思维眼镜"是必需的，要能利用它来洞察未来的机遇，然后寻找自己的切入点。

## 普通人眼中的商业变化：被动感受

身处科技时代的洪流之中，不免有人会感慨，为什么自己没有观察到科技创新所创造的时代机会呢？为什么自己会陷入"看不到、看不起、看不懂、来不及"的人性陷阱中呢？

学习心理学给出了上述问题的参考答案。密歇根大学罗斯商学院教授诺尔·迪奇<sup>⊖</sup>（Noel Tichy）定义了学习者的三个心理区域：舒适区、学习区、恐慌区。在舒适区当中，我们干的是自己最熟悉的事，只能把知识和技能的熟练度提升。在恐慌区里，我们干的是根本不理解的事——这个区域的知识和技能超出我们的边界太多，基本上无论如何努力，我们都难以在短时间内熟悉。在这个区域中，我们可能会焦虑、恐惧、不堪重负，所以它称不上是有效的学习和提升区域。只有在学习区里，知识和技能都是我们

---

⊖ 诺尔·迪奇，世界知名的领导力变革专家，"有效教学循环"理念的实践者。

能懂但又不太懂的（属于那种"跳一跳就能够碰到"的难度），充满了新鲜感和挑战。学习区能激发我们的学习动力。认知科学家皮亚杰从另外一个角度解释了学习和认知提升的方法。在我们熟悉的领域中进行的学习是同化学习，相当于我们自己已经构建了"知识大厦"，只需要在延续性新兴技术出现的时候，将其作为"一块砖"，安放在已有的大厦中就可以完成学习。此刻，我们是在舒适区里。而如果进行跨领域学习，那就需要顺化学习。这意味着，我们要调整自己的"知识大厦"的结构，甚至重新打地基，来理解外部的变化。这等同于说，我们要在恐慌区学习。结合以上观点，我认为，真正的学习在模式上而不是具体内容上。我们需要提升思考能力，从舒适区抽象出模式，然后改变自己的模式，把让我们恐慌的事物，拉进学习区中。

虽然商业范式的切换往往是漫长而缓慢的，但人们总是处于学习的舒适区当中，仅关注当下的生活，缺乏远见，缺少个人以及企业战略层面的思考，导致人们没有把自己的注意力放在那些尚未明显改变世界的新兴技术萌芽上。一旦某项新兴技术彻底引起了人们的注意并产生实际的效果时，大多数人并不确信这项技术能持续改变世界——人们在心理上和行为上不愿意从舒适区走出来，人们对确定性的追求似乎永无止境。后来，当这项技术终于成熟了，开始渗透生活的方方面面时，人们对它的认知却会进入恐慌区。

这是因为普通人遵循着图 4-4 所示的这种路径来看待商业范式的变迁。普通人接触商业新范式的开始，往往是看到了一家"奇怪的企业"。

图 4-4　普通人探知商业范式变迁的路径

　　普通人往往并不会特别欣赏这家"奇怪"的企业，会认为企业所尝试做的事是"天方夜谭"，根本不可能改变什么。疑心更重的人往往认为这类用不同以往的模式做事的企业在骗人。但每个人都有好奇心，随着这家企业的曝光度提升，人们会开始试图理解它做事的办法——新商业模式。专家、学者、顾问和媒体也会对该企业的商业模式进行解读。普通人只是觉得很新奇，但仍然会怀疑：这么做生意，能否赚到钱？直到过了很久，当这家企业着手上市，披露财报时，人们才知道它是怎么赚钱的，了解了它的盈利模式。之后，该企业的创始人团队会为了企业进一步扩大市场，获得发展的动力，披露当初创办企业时的想法。创始人团队此刻已经不怕有另外的企业再来与之竞争了，他们在前几个阶段所积累的优势，让新入局者无法超越。此刻，创始人团队披露的信息往往更本质，他们会谈到之所以新商业模式和新盈利模式行得通，得益于某项新兴技术对商业的改变。在这项新兴技术进入大众视野并快速发展后，传统商业领域内的企业开始遭受新商业组织的降维打击，普通人此时才会意识到商业范式的变迁。

　　在每次商业范式切换的过程中，上述过程一再重复。你可以拿这个思路来对比第一次工业革命之后的每一次商业范式的转变。虽然细节上可能会略有不同，但底层逻辑上毫无差异。

比如，汽车替代马车的商业范式转变，互联网媒体替代纸质媒体的商业范式转变，移动互联网替代计算机互联网的商业范式转变，以及未来可以颠覆移动互联网的"万物互联"和数字化革命带来的商业范式转变，都会遵循这一逻辑。

当没有建立终局思维时，人们会依赖自己对世界的惯常看法来对待所有的创新事物。因此，每一次都会自然而然地陷入"看不到、看不起、看不懂、来不及"的人性陷阱中。自然没办法像少数具有终局思维的人一样看待世界。

## 具有终局思维的人眼中的商业变化：主动探知

具有终局思维的人，不会像普通人一样来看待新兴技术对世界所造成的影响。他们对新兴技术将带来的价值和影响的认知几乎是按照普通人的"逆向思维"展开的（如图 4-5 所示）。

图 4-5 具有终局思维的少数人洞察并塑造商业新范式

他们是先看到了一项新兴技术，如同蒸汽机技术于瓦特、灯丝发光技术于爱迪生、燃油发动机技术于福特、半导体技术于摩尔、计算机互联网技术于乔布斯……

然后，带着对这项技术所能塑造的战略终局的想象，他们看到了商业新范式的到来，在持续完善产品与技术的同时，开展了商业模式和盈利模式的创新，最后把新型企业推向市场来践行以上洞察所得出的结论。

这有点"自证预言"<sup></sup>的味道。他们会按照他们所想象的方式来构建未来的战略终局（但在这个过程中依然要遵守基本的商业和技术发展规则）。技术与科学是不同的概念，相比于科学对基础理论研究的追求，技术更愿意从应用的角度来发挥作用。布莱恩·阿瑟对此有个经典的论断：经济是技术的表达。由此，一旦某项新兴技术开始实现商业上的收益，围绕着它就会诞生无数互相配合的辅助技术，这会让这项主要技术快速提升应用价值，循环往复，形成一个增长回路。直到这项新兴技术吃掉它盯上的每一寸市场或者被其他新兴技术替代，这个增长回路才碰到了"天花板"，否则，它将掀起商业范式的转变。

我们很难说到底是瓦特、爱迪生、福特、摩尔和乔布斯等人把我们带入了他们当时所想象的世界中，还是世界本身就该这么发展，他们不过是某种"神谕"的响应者。如果没有这些人和他们的团队，世界是否会是另外一个样子我们不得而知。我们可以知道的是，虽然这些新商业时代中的领头人洞察了战略终局，但细节上，他们也需要对实现战略终局的路径进行迭代——战略终局是可以迭代的，也是必须迭代的。

当一个人有了终局思维，就会主动去探知未来世界的样子而

---

<sub></sub> 自证预言，心理学上常见的现象，指人会不自觉地按已知的预言来行事，最终令预言实现；也指对他人的期望会影响对方的行为，使得对方按照期望行事。

不是被动地等待。他可以按照自己的想象来塑造世界，虽然遇到科技发展规律时仍需要按规律行事，但能主动探知未来，已经彻底摆脱了"看不到、看不起、看不懂、来不及"的窠臼。而且，当你明白他看待世界的方式，就应该会有一种"我也可以"的感受。彪炳史册的成功人物，其实并没有你想象中的那么厉害，他们不是超人，只是具有终局思维的人而已。

## 获取终局思维的四大路径

除了以新兴技术的发展路径作为基础并加以想象来洞悉行业的战略终局之外，实际上，要想更清晰地做出对战略终局的判断，你还需要锻炼并获得至少四种不同的思考路径。这是因为企业很难就一个"模糊的战略终局"做出当下的投资决策。你必须尽可能地看清行业的战略终局，再行动。

高质量的思考，是助你看清战略终局的法宝。而高质量的思考，始于以下四种思考路径的运用。你需要理解它们，并在生活中运用它们，直到运用这些思考路径成为你思考问题的习惯。

它们分别是：提问思考、深度思考、系统思考和整合思考。

### 1. 提问思考

你或许觉得"提问思考"这个说法很怪——提问就是提问，思考就是思考，提问和思考有什么关系？

人们思考的起点，其实就是提问。如果一个人不提出问题，那么实际上他一开口便是在输出自己的看法。相反，如果他能提出问题，其实就已经开始思考了。同时，我们可以注意到，通过提问引发的思考是双方或多方的——对话中的每个角色，都会因遇到提问而引发思考，从而有机会给出质量更高的答案。

假如下属提出一个增加人手的请求，平庸的管理者或许会直接回复说，"这不符合企业的规定，人力资源计划在年初就提交了，必须按照计划执行"。这一回答封闭了所有的可能性，自然也就没有引发思考。它只能带来一堆抱怨，比如下属会说管理者死板，不能随机应变，甚至认为这样的企业很难在激烈变化的时代中生存，从而萌生辞职的想法。

优秀的管理者则会通过提问来解决相关问题。下面这段以提问开始的对话能启发管理者自己和下属。

"为什么要增加人手？"

"我们已经忙不过来了，现在销售岗位上有三个人，每个人都要负责十多个客户，根本忙不过来。"

"你的意思是说，现状是客户不断增加，导致销售人员服务不过来？"

"是的。"

"增加人手的目的是什么？"

"服务更多客户！"

"服务更多客户的目的是什么？"

"增加我们产品的销售额啊！"

"为了达到增加销售额的目的，除了增加人手，我们还有没有其他选择？"

"嗯，让我想想。"

最后，下属可能会给出很多精彩的答案，比如：考虑到"二八定律"⊖，他可能会建议精选出关键的 20% 的客户，为其提供优质服务，然后给企业带来 80% 的业绩；或者，即使他认为目前很难真正地精选出关键的 20% 的客户，但企业可以招募代理商来解决人手不够的问题；又或者，他会提出如果不增加人手，那么只需要取消销售人员必须在服务客户之后还要回企业打卡下班这一政策，大家就能忙得过来了。

在这个过程中，管理者用提问引发了下属的思考，而反过来，下属给出的答案也能引发管理者的思考：我们的销售管理制度，还有哪些是阻碍员工工作而不是帮助他们提升工作效率的？我们是不是要招募代理商？

用提问引发思考，可以让管理者搜集到更多的信息，并针对这些信息做出更好的判断和决策。

那么，如何才能提出好问题呢？一系列好的问题，应该至少基于以下三个层次的提问（如图 4-6 所示）。

---

⊖ 二八定律，也称二八法则、帕累托法则：在许多情况下，20% 的因素决定 80% 的结果。也就是说，所有变因中，最重要的仅有 20%（"关键的少数"），剩余的 80% 虽占多数，却是次要的、非决定性的。

图 4-6 提问的三个层次

• 要对行为提问:行为是什么?

这意味着我们在遇到一个问题时,先不要着急做出自以为是的判断,而应认真询问对方:你的行为是什么?

很多时候,虽然我们观察到了某种行为,但并不知道这种行为到底意味着什么。因此,我们要对行为进行提问,弄清楚它到底是什么。在实际应用中,你可以问三个问题:行为是什么?行为到底是什么?行为应该是什么?

• 接下来,要对行为的目的进行提问:目的是什么?

很多时候,别人或自己做出了愚蠢的行为,完全是因为急着要解决问题。在我们进一步行动之前,应先弄清楚对方做出某一行为的目的是什么。同样,当同行企业采取某种方式进行数字化时,你或许应该先搞清楚他们的目的:是为了震慑同行,还是为了拉高股票价格?在互联网时代,很多人忽略了对互联网企业经营行为的目的的分析,因此错过了重大的变革机遇。所以,当我们观察到某种行为时,要学会提问:你们这么做的目的是什么?

● 最后，要对行为和目的背后的基本假设<sup>○</sup>进行提问。

科学实践提倡"大胆假设，小心求证"的精神。事实上，人们在采取行动时，往往会有一个不自知的假设，人们是根据这个假设来采取行动的。

因此，当我们观察到某科技企业或者行业内的巨头采取了某种重大行动时，除了搞清楚它们行为的目的，我们还要询问它们这么做，背后的基本假设是什么。一旦你弄清楚了行为和目的背后的基本假设，就会发现实现这一假设的可能性，并且，还会发现实现这一假设的其他路径。

## 2. 深度思考

提问思考可以处理关系不特别复杂的问题，在大多数情况下，如果我们可以通过提问来引发对话各方的思考，实质上就已经解决了问题。但商业决策并不是仅仅只会面对简单的问题，在很多情况下，人们所遇到的问题异常复杂。拿洞察战略终局来说，一方面，新兴技术层出不穷，任何一项技术都可能会塑造或改变战略终局；另一方面，技术构成的生态当中，何为主导，何为配套，并不是一目了然的。技术创新可以从各种角度来理解，有些技术创新是产品持续改善的基础，而有些技术创新却是原有方式彻底的颠覆者。

为了应对上述复杂性，除了提问思考之外，我们还要学会深

---

○ 此处的"基本假设"指个人或组织潜移默化形成的基本信念，这一信念立足于对世界最根本的假设之上。

度思考。深度思考其实是面对表象世界的一种质疑的态度和对本质的追求与向往。事物除了它所呈现的表象之外,内涵和外延是什么? 事态会如何发展? 不同事物之间有什么联系……为了寻求这一系列问题的答案,人们需要进行深度思考。

本质上,深度思考就是不断进行维度升级的思考过程。如图4-7 所示,深度思考至少意味着要在五个层次上进行思考。

图 4-7　深度思考的层次

- 现象:对事物和现象的本身进行思考。

人们可以在自身周围观察到很多新的现象和事物,可能你并没有意识到这一点。当观察到一个新现象或新事物(如出现了一家奇怪的企业,它竟然不向客户收取任何费用),我们需要对这个新现象或新事物的本身进行思考,以甄别它所呈现的状态与它本身。

这就好比船员发现远处的海面上有一块凸起,需要判断这块凸起到底是礁石还是鲸鱼露出水面的脊背。如果是礁石,意味着船员要转舵躲开它;如果是鲸鱼背,可能当船开过去的时候,鲸鱼已经游走了。

一家不收客户费用的企业，到底是什么样的企业？它真的一直都不收客户的费用吗？在互联网技术出现之前，人们难以想象居然会有私营的企业不收客户的费用。直到他们发现社交网络平台可以让它的使用者一直免费使用，然后从广告商那里赚取利润。企业是要赢利的，任何企业都是，不同的是实质到底是"礁石"还是"鲸鱼背"。

● 特征：对事物和现象的特征进行思考。

人们对事物和现象进行深入观察与思考后，就会发现其背后有某种特征。互联网企业不是慈善机构，而是盈利模式后置的新商业模式的拥有者，其背后的特征有商业层面的，也有技术层面的。从商业层面来看，互联网企业的商业模式是以流量作为基本经营目的的。从技术层面来看，在数字网络中，每增加一个用户的边际成本⊖可以忽略不计，那么，针对网络的这种特征，我们就不难得知，流量的增加不会增加过多的成本。这是互联网企业可以选择盈利模式后置的核心原因。

如果你能够对新的现象和事物的特征进行思考，就会发现很多可行的达成目的的路径。例如，未来的人们可能不需要花钱购买空调、洗衣机和冰箱，而仅需支付这些产品的使用费，或者从联网的冰箱上订购食品就可以。物联网带给商业的想象空间，远比互联网大得多。

---

⊖ 边际成本：每一单位新增生产或者购买的产品带来的总成本的增量。

要想洞察新变化，就要学会对现象和事物的特征进行思考。

• 关系：对特征之间的关系进行思考。

我们因深度思考获得了对现象和事物的特征的洞见之后，就可以对这些特征之间的关系进行思考。

例如，人们可以用手机和互联网实现远程通话、视频聊天，而他们之所以能这样做无非是数字信息的高效传输起到了作用。既然如此，我们还可以运用数字信息的高效传输做些什么呢？不难想象，我们可以用这种传输技术实现远程控制，比如在几百公里外的空调房间里操作挖掘机进行道路施工，在北京的医院中为身在西部农村医院中的患者进行高难度的手术，在一线城市的学校里为山区的孩子们提供优质的数学课……

网络技术的特征是高效的信息传输，信息可以是内容信息，也可以是控制信息。当你能发现信息的种类和它们之间的关系时，就可以发现很多的创新机遇。

• 基本假设：对基本假设进行思考。

所有能够形成一系列关系的特征背后，都有相应的基本假设。很多企业的管理者认为，"95后"和"00后"进入职场之后，管理变得特别复杂。这些成长环境优越的年轻人会因为非常不可思议的理由辞职。企业主和管理者似乎不能对他们有任何约束和要求，如果有人这么做了，他们就会"炒你的鱿鱼"。

新入职场的年轻人的特征是他们并未经历过物资匮乏年代的

洗礼，因此，他们对工作的要求是它能提供一份能够维持生活的薪水，同时，他们并不愿意为这份薪水而受任何委屈。如果你仅仅看到这样的特征，就会觉得这些年轻人是因为无知才会这么干。但实际上，他们有权力这么干。这个时代另外的特征支持他们的主张。例如，数字化会带来生产效率的大幅度提升，而"95后"和"00后"是数字时代的"原住民"，没有比他们更了解数字时代的人，他们更能实现高生产效率；他们成长并生活在物质丰富的时代，对物质方面的改善没有前代人那么渴望。

这一系列现象和事物背后的特征以及它们之间的关系，让我们不难得出一个结论：随着科技进步，特别是人工智能广泛地应用于农业、工业和服务业，社会有足够的能力确保人们即使不参加任何工作也有基本的生活保障。这意味着将解放那些"为了生活而从事自己认为无聊的工作的人"，每个人都可以按照自己的想法工作。

之所以现在的企业管理者认为"95后"和"00后"员工与自己的企业格格不入，是因为企业管理者的生活经历让他们产生了一种基本假设：新员工都是无知的，会偷懒，毫无责任感，厌恶工作。有这种信念的企业管理者，是无法理解年轻人对工作的态度的。

• 反思基本假设：对基本假设进行反思。

当你能够洞察现象和事物背后的特征和特征之间的关系，并找出你对这些特征的基本假设，接下来要做的就是对这些基本假设进行反思。这是深度思考的最后一步，也是深度思考最关键的一步。它将引导你得出完全不同的结论，从而发现一片新天地。这片新天地，很可能就是你开始走向战略终局的第一步。

管理者对员工的基本假设——"无知，偷懒，毫无责任感，厌恶工作"，一定是正确的吗？一旦你开始质疑这个指导企业管理者管理行为的信念，就很容易发现事情的反面。有没有一种可能，每个人都是上进的，善于学习的，勤于进步的，并对自己喜欢的事情和人具有高度的责任感呢？

年轻员工之所以表现出桀骜不驯的一面，有没有可能是因为他们认为管理者的很多想法根本就是不对的呢？或者，他们认为管理者的管理手段已经落后，不合时宜了呢？他们并非不在乎这份工作，而是对管理者的管理方法不屑一顾。

道格拉斯·麦格雷戈的 X-Y 理论，正是因为发现了作为员工的人的两面性，而被全世界铭记。如果作为管理者的你能够去理解年轻人的想法，并寻找到与他们相适应的企业文化，他们没准就会"送"给你一家类似"下一个谷歌"的企业。

深度思考，能帮助你从复杂的现象当中找出更为本质的逻辑，依靠着这种逻辑，你就能够重组相关的信息，从而获得对战略终局的洞见。

## 3. 系统思考

未经思考训练的人们习惯的思考方式是点状或线性的。所谓点状思考，就是俗话说的"头痛医头，脚痛医脚"，只看到症状出现的那一点，然后针对症状来思考解决问题的办法。线性思考意味着当观察到某事物的变化时，遵守着线性增长或下降的思考方式。比如，看到一家店一年能赚一百万元，如果想赚一千万元，开十家店就解决问题了。

事实上，这个世界并非是点状或线性的，存在诸多影响事物最终结局的要素，这些要素之间复杂的关系构成了各种各样的系统。如果我们要准确地考量某种行为会带来的结果，就必须针对这些系统进行思考。这便是人们对系统思考这一概念进行研究的前提。

系统思考这一思考路径立足于系统理论的研究基础之上。人们很早就观察到世间的万事万物都是以"一套系统"的方式工作的。比如你向杯子中倒水，眼睛观察杯子里的水面，同时手控制水壶的倾斜角度。没有人在倒水的时候采取匀速的方式将水倒入杯子，而会通过观察杯子中的水位来调节倒水的速度。当杯子里面没有水的时候，倒水的速度稍微快一点；等到水杯快满的时候，倒水的速度就会慢下来。"向杯子中倒水"就是一套带反馈的简单系统。

有记载的第一个提出一般系统理论的人是美籍奥地利裔理论生物学家和哲学家路德维希·冯·贝塔朗菲。他基于对生物系统的观察，提出了一般系统理论，后来的学者将一般系统理论作为系统理论的基础。

系统思考的提出者德内拉·梅多斯在对系统理论和系统动力学的研究的基础上，发现了这一思考路径，并用一本名为《系统之美：决策者的系统思考》<sup>○</sup>的书向人们阐述系统思考的定义、用途以及必要性。在梅多斯的研究基础之上，彼得·圣吉<sup>○</sup>、丹尼斯·舍伍德<sup>○</sup>等学者为了推广这种优秀的思考方法，分别出版著作来分析和讲解普通人可如何学会系统思考。

你可以通过阅读相关著作来掌握系统思考。系统思考是训练终局思维的重要思考方法。无论是技术的发展、技术生态的形成，还是商业范式、企业或组织的构建，都意味着大小不同的系统的运转。如果你想真正地对战略终局形成洞察，必须掌握系统思考这一有力的思想武器，才能在复杂的情况中对思考要素进行取舍，对要素之间的关系和系统的目的做出判断。

### 4. 整合思考

很多时候，我们对未来的想象，通过分析，会归结到两种互相对立的选择之上。例如，要么降低成本，要么进行差异化创新，才能让企业获得发展的能力。这是否意味着我们只能在二元对立的选项中做出唯一的选择？必须舍弃一种方式而选择另外一种方式？必须从鱼和熊掌当中做出选择？

整合思考就是勇于挑战上述观点的一种思考路径。罗杰·马

---

○ 梅多斯. 系统之美：决策者的系统思考 [M]. 邱昭良，译. 杭州：浙江人民出版社，2012.

○ 彼得·圣吉，美国系统科学家，麻省理工学院斯隆管理学院资深教授，著有《第五项修炼：学习型组织的艺术与实践》。

○ 舍伍德. 系统思考：学习型组织必备读本 [M]. 邱昭良，刘昕，译. 北京：机械工业出版社，2008.

丁<sup>⊖</sup>教授认为，商业界当中那些优秀的、取得过卓越成就的企业家（如宝洁前任 CEO 雷富礼、四季酒店创始人伊萨多·夏普、红帽公司创始人鲍勃·杨、设计公司 IDEO CEO 蒂姆·布朗等人），都不满足于二选一的方法，他们是鱼和熊掌都想要的人。

为了达到这一目的，这些人对处于对立面的选项进行了具有建设性的思考——整合思考。这种思考方法立足于关于世界和个人自身的理性态度之上。

（1）关于世界的理性态度。

• 现有的模式不代表现实，它们仅仅是人们的思维构建。

人们之所以时常会陷入二选一的难题，往往是因为现有的模式要求人们必须这么干。比如，面对激烈的竞争，企业往往会采取成本领先战略或者差异化战略。在大家的思维模式中，成本领先意味着企业需要忽视任何对产品的个性化需求，必须提供大规模标准化的产品，以降低产品的复制成本。同时，每个人都认为差异化是昂贵的——差异化意味着关注每一个细节，按照不同的细节来定制产品，这意味着成本的增加。

但这些仅仅是现有的模式下的思维方式，富有创造力的人会质疑这一模式，因为他们知道，现有的模式仅仅是前人的思维构建——如果换一种思维，为什么不能提供既能成本领先又有差异化的产品呢？

---

⊖ 罗杰·马丁，著名管理大师，曾任多伦多大学罗特曼管理学院院长，曾为宝洁、乐高等著名企业提供战略咨询服务，著有《整合思维》一书。

创造者尊重事实，但不拘泥于模式。

• 鼓励整合思维的产生，而不是惧怕。

当然，建立新模式，意味着放弃对旧模式的路径依赖。这意味着人们要走出诺尔·迪奇所说的舒适区而进入学习区甚至是恐慌区。这需要我们有足够的能力来拥有尼布尔<sup>⊖</sup>的祈祷文所描述的力量——"接受我无法改变的""改变我能改变的""分辨这二者的区别"。

我们要鼓励自己和别人拥抱整合思维，而不是诋毁和惧怕它。

• 现有的模式并不完美，更好的模式还未出现。

具有整合思维的人的信条是：现有的模式一定不是最好的，一定还会有更好的模式。正是这一信条，让他们勇于去发现新的思考路径。

（2）关于个人自身的理性态度。

• 我能够找到更好的模式。

在你有了能促进整合思维训练的世界观之后，还要具有关于自身的理性态度。否则，你会认为虽然有更好的模式，但和自己没什么关系，自己没能力，也没有义务去寻找更好的模式。

事实上，那些有所成就的人都会在面对复杂问题时，认为自

---

⊖ 雷茵霍尔德·尼布尔，20 世纪美国最著名的神学家、思想家。他的思想和活动深刻影响了 20 世纪的美国社会，是美国社会变革的推动力量。

己有义务来创造更好的模式。促进一个人展开行动的要素有三个：意义感、义务感和能力感。换言之，你要觉得这件事有意义，同时认为对于这件有意义的事情，自己有将其实现的义务和能力。如果某件事不在某个人的个人价值观的"三感交集"之内，那他是没有动力去采取行动的。

因此，培养并训练整合思维时，人们必须有"我能找到更好的模式，而不是留给他人去做这件事"这样的责任感。

• 我能够介入并应对必要的复杂。

创新，尤其是模式上的创新，往往意味着要去解决复杂的问题或者解构那些被认为是"理所应当"的简单模式，然后再次整合。这都需要人们有勇气去介入并应对必要的复杂。当然，在这个过程中一定会有"非必要的复杂"<sup>⊖</sup>出现，你只需要盯住自己的目标，围绕着目标来思考，就会把"非必要的复杂"剔除。毕竟，我们只想解决问题，创造新的模式，而不是给自己添麻烦。

• 给自己时间来创造更好的模式。

如果你创造了一个新的模式，需要留给实践一些时间，逐步修改这个新的模式，而不是指望它立即起作用。在企业战略研究领域中，蓝海战略其实就是在成本领先和差异化兼得的层面上进

---

⊖ 有些不合格的经理人和咨询顾问就喜欢以"非必要的复杂"来把水搅浑，企业管理者要特别注意这点。

行战略创新,从而帮助企业发现蓝海。<sup>⊖</sup>

金(即金伟灿)和莫博涅是不折不扣的整合思考者,他们把整合思维应用到企业战略研究之中,创造了不朽的新模式。很多企业在蓝海模式下开创了辉煌的发展期。战略问题从来没有"立即有效"的解决办法,学者和企业家都要有足够的耐心来创造更好的模式。

你可以按照以下四步来实施整合思考。

第一步:凸显——囊括更多的凸显要素。

当我们面临着二选一的困局时,往往是因为我们自己对影响问题最终结局的要素进行了简化。比如,在众多方案中,我们往往会选择要么成本领先,要么差异化。事实上,如果考虑客户的任务,以及他们使用产品的场景,也许我们会发现其实客户并不需要那么多功能。这种情况时常发生在大型软件的设计上,软件工程师和产品经理习惯为客户提供大而全的产品,涉及方方面面的功能,但实际上,客户仅仅经常使用众多功能中不到20%的功能——其他领域也一样。如果我们考虑更多的凸显要素,就会发现可以通过做减法去掉冗余的功能,既可满足成本领先,又可实现产品的差异化。

第二步:因果——考虑多方面的间接因果要素。

人们经常会考虑直接因果要素,实际上,影响事情最终结局的还有大量的间接因果要素。比如,是否购买产品,客户不但要

---

⊖ 金,莫博涅.蓝海战略:超越产业竞争,开创全新市场[M].吉宓,译.北京:商务印书馆,2016.

看产品是否适用于他完成自身任务的场景，还要考虑购买预算、产品质量、售后服务的便利性等诸多要素。间接因果要素有时候会对客户的购买决策起到决定性作用。假设一位客户因为之前购买同类产品时遭遇了令人烦恼的售后服务，再次做出购买决策时，他可能会把售后服务这项看起来和购买决策关系不大的间接因果要素变成主要的决策因素。

因此，我们要考虑多方面的间接因果要素，以便找出更好的方案。

第三步：重新架构——将局部要素放在整体背景下分析。

你终于有了 5 天的度假时间，想和伴侣一起外出，度过一个美好的假期。你想去海边游泳，而伴侣想去爬山。

游泳和爬山是你们能否愉快度假的两个凸显要素，表面看上去这两个要素是相冲突的，但实际上，如果将其放在"愉快度假"这一整体背景下分析，你就知道，不能忽视伴侣的意见，否则，很可能度假变成一个不愉快的经历。

第四步：出新——重新推出方案而不是折中。

既然不能忽视伴侣的意见，你可能会想到干脆将 5 天假期分为 2 个部分，可以先去海边 3 天，然后驱车去山区度过 2 天。这看似是个不错的主意，可一旦你考虑到从海边到山区驾车要花费 1 天的时间，就会发现这不是一个好主意——第 4 天，疲倦的你和伴侣大概率会因为驾车的劳顿以及花费的时间吵架。

这是折中，不是出新。

出新，意味着既要兼顾两个人的意见，又不能对每种意见想要达成的目的打折扣。出新，意味着鱼和熊掌兼得，而不是要一半鱼和一半熊掌。针对这个愉快度假的案例，出新的方案是：你们一起找一个既有海滩又有山丘的地方度假。这样，你和伴侣的意见都可以独立得到满足，也可以一起满足。你可以游完泳后陪伴侣去爬山，伴侣也可以爬完山后陪你一起游泳。整合思考是让每个参与者有更多的受益，而不是打折扣。

生活中的案例可以让你更好地理解建立整合思考的方式，掌握了这种方式，你完全可以将其用于商业思考和战略制定上。此外，整合思考得出的结论——更好的方案，往往就是战略终局的雏形。一个更好的方案，必然会带你步入一个更好的战略终局。

四大思考路径，提问思考、深度思考、系统思考、整合思考对形成终局思维具有连贯而不可或缺的作用（如图4-8所示）。

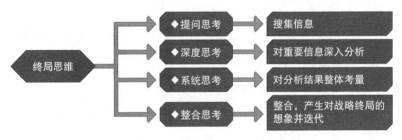

图 4-8　四大思考路径对形成终局思维的作用

你可以通过提问来搜集事关战略终局的信息，然后用深度思考来对重要信息进行深入分析，再把这些分析结果放在一个系统里面进行整体考量，最后将其整合，产生战略终局的想象并迭代。执行这个方案，就会让你对企业的战略终局有越来越清晰的洞察。

战略终局并非一成不变的，我们可以对战略终局进行迭代，使其更清晰。你需要做的无非是建立终局思维，这样当看到一个新机会或者新行业的时候，或者对自己所在行业进行前瞻性的战略分析时，你一眼就能看到其战略终局。

如果能做到这些，你的战略规划就有了时间这样一个新维度的加入，它会让你形成巨大的优势——对竞争对手实施降维打击。

## 终局思维：数字时代战略制定的主导思维

数字化究竟会以什么样的方式完成？数字时代究竟会给人们带来什么样的便利或者麻烦？人类和人工智能会在这一时代中分别扮演什么样的角色，能融洽相处吗？人类本身是否会按照尤瓦尔·赫拉利说的那样，极少数人成为拥有数字霸权的"神人"，绝大多数人成为"没有什么用的人"？对于人工智能来说，所有人都是"没有什么用的人"吗？"没有什么用的人"将来会做什么？人类数千年来的文明将以何种方式延续？

没有人能给出以上问题的准确答案，就算是现在处于数字化领域当中的先锋科学家和企业也不能。全人类在数字时代都是"摸着石头过河"的状态。这意味着，人类的未来是不确定的。对于追求确定性的人来说，这的确不是什么好消息，但从另一个角度来看，你可以创造未来，你完全可以按照你对数字时代战略终局的想象与理解，和志同道合的人一起塑造这个世界。我们今天的世界，就是尼葛洛庞帝以及那些著名的科学家、企业家和普通人共同塑造的。你当然有机会按照自己的想法来塑造未来。

但这一切的前提是，你必须建立终局思维，然后根据科技、政策、环境、经济、社会的变化和要求来预测洋流的方向，并根据你得出的结论，制定并持续迭代事关个人和企业的战略，一步步走向未来，实现你对战略终局的想象。

因此，从某种意义上来说，你和自己的企业能否在数字时代中屹立不倒，能否在未来获得某种程度上的成功，取决于你对终局思维建构和掌握的能力如何。你对战略终局的想象能否顺应大势，将成为个人与企业战略成败的决定因素。

终局思维，必将主导整个数字时代！

## 第二节　反脆弱思维：变易时代制胜的思维法则

不确定性是未来世界的基本底色。之前人们习惯漫长而悠闲的岁月，昨天、今天和明天似乎没有多大变化。如今，日新月异，每个人都感受到了不确定性，但很少有人深入思考，不确定性源于什么？

有人说不确定性源于经济的高速发展，随着经济发展，人们活动的范围扩大了，见闻丰富了，因此想法多了。当一个群体中的每个人都有自己的想法时，群体的行为就会具有高度的不确定性。还有人说不确定性源于科技的进步，是信息技术、计算机技术、网络技术让世界变成了一个互通互联的整体，人们坐在家中便可以轻松地获得关于异域他乡的人文知识，进而发现"原来人还可以这样活"。换言之,科技的进步启蒙了人类的自我追求和自我选择。

这些说法都没错,但似乎所有的说法都有一个前提:以前的世界是确定的,不确定性是近些年才有的。

事实真的如此吗?一千年前的世界是确定的吗?农耕时代,人们春耕秋种就一定会有好的收成吗?在农业技术落后的古代,普通人只能靠"天"吃饭,而"天"是不确定性的根源。否则,为什么古代帝王都要祭祀和祈祷,希望风调雨顺、国泰民安?而如今,我们只需要采用最基本的农业种植和存储技术,就能确保数十倍于古代的人口饱食无忧。从医疗卫生条件来说,古代的任何一场瘟疫都会造成大量的死亡,而在医学技术不断进步的今天,全球人均寿命因为医学的进步在不断增加。

你可以举出很多例子来证明,当下的确定性可比以往的时代高多了,但为什么我们仍然感受到了巨大的不确定性带来的焦虑呢?有没有可能是以下原因造成的?

其实,因为科技和经济的发展,整个地球对于人类来说,确定性是越来越高的。只不过科技除了带来了确定性之外,还增加了我们观察世界的手段,以至于人们能发现越来越多的细节。也就是说,是我们观察和发现世界中各种现象的能力提高了,这给我们带来了"不确定"的感受,而不是之前的世界是确定的,现在变得不确定了。之前,世界的不确定性更高,只是人们当时无法发现这一点，更无力去修正。

我觉得，这才是人们因不确定性感到焦虑的核心原因。不是之前的世界是确定的，而是那时候，我们根本无从了解世界上正在发生着什么。"不确定性"仅仅是如今"见多识广"的人们的一种心理感受罢了。

如果你认同上述观点，就会发现无论是现在还是过去，世界都充满了不确定性。因此，虽然人类追求确定性，但这一努力的方向是错的——确定性只能是全体人类共同推动科技进步而逐渐形成的。一个人、一家企业想要在确定的条件下获得发展，只靠自己的努力是做不到的。

我们需要做的不是追求确定性，而是在不确定性的环境中，找到发展的机遇。正如尼古拉斯·纳西姆·塔勒布[⊖]所说的，"人们要学会运用不确定性，并从其中获益"。

那该如何做到这一点呢？

## 什么是变易性，如何从中获益

不确定性真正的来源并非人们所说的"复杂"。随着科技赋予我们的手段越来越多，我们对世界的观察和理解越来越深刻，复杂"应运而生"。有的民航客机由约 600 万个零部件组成，组装这

---

[⊖] 尼古拉斯·纳西姆·塔勒布，美国知名思想家、风险工程学教授，凭《黑天鹅》一书闻名于世。诺贝尔经济学奖得主丹尼尔·卡尼曼称其"改变了世界对于'不确定性'的想法"。

种飞机的复杂度让人感到头皮发麻,但这并不是不确定性的来源,相反,一架飞机的组装工作是极其确定的,也必须如此。只要我们有清晰的图纸、全套零部件和足够的安装设备、时间与人手,组装一架飞机并不是不可能完成的事情。也正因为如此,才有那么多飞机几乎每分每秒在我们头顶的天空中飞过。总之,飞机组装是复杂的,但是确定的。

不确定性的根源是变易性。什么是变易性?我们做个思想试验。假设你在组装飞机的过程中发现,600 万个零部件不是固定的,而是变化的(也就是说,每过 1 秒钟,这 600 万个零部件都会发生形状、尺寸甚至材质方面的变化),比如当你拧完一个螺丝的时候,会突然发现与它配套的螺母变形了,根本无法与这个螺丝拧在一起。

如果真的发生这种情况,我相信没人敢说自己仍然能组装一架飞机。这个试验就体现了变易性。

有学者是这样区分复杂和变易的:

> 在复杂的世界中,总体是由许多独立的局部构成的,局部之间互不交互,也不会相互改变;变易是一个适应性系统,包括很多运动着的局部,局部之间交互并联动,触发不能预先去精确控制或预测的结果。⊖

通过组装飞机的思想试验,你可以轻松理解上述关于复杂和

---

⊖ 洪源远 . 中国如何跳出贫困陷阱 [M]. 香港:香港中文大学出版社,2018.

变易的定义与区别。事实上，不确定性是由变易性带来的。正如"亚马孙丛林中的一只蝴蝶扇动了一下翅膀，北美却刮起了龙卷风"一样，在具有变易性的系统中，每个构成系统的要素都会因为和其他要素互动而发生变化，这种变化包括要素自身的变化和引起的其他要素的变化。面对这样的系统，没人能预测它到底会呈现什么结果。

实际上，日常生活中的大多数系统都是变易的，比如人体、天气情况、组织、社会以及生态系统。我们身体里面的每个细胞每时每刻都在变化，并且会引起与它互动的细胞的变化；天气情况之所以难以预测，实际上也是因为它是一个变易系统；组织和社会当中的每个人都会因为和其他人的互动而变化；生态系统中的一朵花落，也许能催生千朵花开。

我们无法预测变易系统的最终结果，这是不争的事实。但这并不意味着人们不能运用变易系统来获益。塔勒布在《反脆弱：从不确定性中获益》一书中指出，哲学家尼采所说的"凡杀不死我的，终将使我更强大"是有科学依据的。世界之所以能够欣欣向荣，实际上并非因为确定性，而是因为"那些不仅能从混乱和波动中受益，而且需要这种混乱和波动才能维持生存并实现繁荣的事物的特性"。⊖

如果能够发现并掌握这些特性，那我们就能制定并运用一些规则，从不确定性中获益，而不是勉为其难地拥抱不确定性，任

---

⊖ 塔勒布.反脆弱：从不确定性中获益 [M].雨珂，译.北京：中信出版社，2014.

由它扰乱我们的生活。在获得上述能力之前,我们先要深入理解,什么是反脆弱。

## 追求完美不是反脆弱

很多企业的管理者是完美主义者,他们希望雇用自己的雇员(心里面认为这些人才算是企业的自己人,其实很可能并不是),建立自己的厂房,研发自己的产品,生产自己研发的产品,搭建自有的销售渠道等。他们希望一切都是自己的。我经常向这类管理者提问:"在社会分工如此完善的情况下,你们为什么要自己做这么多事?"得到的回答往往是,"能够掌控产品的品质""能说了算,能控制很多环节""可以保证对客户那边出现的状况迅速反应"……

我经常为这些有企业家精神的人的事业热情而感动,但并不欣赏他们的做法。追求完美,意味着极其脆弱。提到完美一词,我们脑海里往往立即会出现精美的瓷器——光滑的外表没有一点瑕疵,釉彩和器型的烧制工艺堪称绝技,体现出制作过程中严密的流程管理。但这样完美的器皿,很容易被打碎,一不留神,一只完美的瓷壶就会被碰掉一角,一只瓷碗就会掉在地上摔个粉碎。同理,在不确定性充分暴露的时代中,一旦"完美"的企业需要根据外部情况调整内部战略,就会因为特别严苛的管理、特别完善的掌控而僵化,不能适应变化。完美的系统是脆弱的,它们需要精心的呵护和严密的控制,绝不容忍任何的差错。但当外部变化来临时，管理者不可能一边乘风破浪，一边呵护着这样"完美的瓷器"。在外部环境平稳的时代中，你可以追求完美，但若是外部环境剧烈地发生变化，你需要的是反脆弱思维。

塔勒布是这样定义反脆弱的：

> 在某种系统规则下，一些随机产生，充满不确定性的脆弱群体组成系统，反而给系统带来了超强的柔韧性和反脆弱性。反脆弱强调个体的脆弱性和系统的反脆弱性。脆弱个体的衰亡对系统产生的影响微乎其微，而个体不断自我重生和修复，为系统带来了柔韧性。⊖

这看上去有点晦涩的学术定义，其实对反脆弱的描述是最准确的。我在给企业家学员讲课的时候，常常引用这段描述。很多关心我的朋友经常提意见，希望我在课程中不用这么晦涩的文字。"你能不能把这段文字消化了，用自己的话，简单易懂地讲给学员？"

对于这样的建议，我很感激，但同时，也很坚定自己的选择和立场。现在是属于快媒体、自媒体的时代，人们追求快速、简单、易懂，但听我课程的人是企业家，企业家不应像一般人一样追求快速、简单、易懂。企业家要努力把复杂、晦涩、艰难留给自己，把产品使用的便捷带给客户。对于"新思维"，企业家要

---

⊖ 此定义是我基于塔勒布的著作《反脆弱：从不确定性中获益》总结得出的。

力求准确而不是简单。根据卡尔·维克<sup>⊖</sup>的理论之钟（如图 4-9 所示），当人们过分追求简单性（8 点钟位置）时，就会与准确性、一般性背道而驰。

图 4-9 理论之钟

资料来源：维克.组织社会心理学：如何理解和鉴赏组织 [M].贾柠瑞,高隽,
译.北京：中国人民大学出版社,2009.

所以，我更愿意在课堂上叫大家一起齐声念一遍这段内容，并不愿意简化它。我希望你也可以把上述内容多念几遍，体会其中的深义。然后，我们一起看一些鲜活的反脆弱系统的例子，让你更理解它。

## 世界上存在的反脆弱系统

作为一个人，你是否每天都担心自己体内某个细胞的生死？没有人会这么做，否则，他将被认为是全天下最"杞人忧天"的

---

⊖ 卡尔·维克，美国组织理论家、心理学家，被评为伦西斯·利克特杰出
教授。

人。事实上，人体不同器官的细胞每隔一段时间都会更新一次。小肠细胞更新的周期仅有 2 ～ 3 天，味蕾细胞更新的周期约为 10 天，皮肤细胞更新的周期约为 28 天，肝脏细胞每五六个月也会更新一次。更新，意味着构成这个器官的原细胞全部死掉，被新生细胞替代。这意味着在我们的身体里面每时每刻都有细胞的死亡与新生。可没人会担心这个。2021 年就有研究机构表示，人类寿命的上限是 150 岁；根据世界卫生组织的研究，人类的预期寿命有七八十岁[一]。对于卫生健康条件良好的国家，这一数值可以超过 80 岁。每秒钟都会死亡和新生的细胞，却能维持人类近百年的生命。

此外，老鼠、蚊子、苍蝇、蟑螂、蝗虫这些讨人厌的小生物，是人类一直想要彻底消灭的。它们或是会在其他动物和人类之间传播疾病，或是会吃掉人类种植的庄稼。但即使科技发展到今天这样的程度，我们也没办法彻底消灭它们，因为它们的种群系统遵循了反脆弱的原则。

从更广的视角来看，生态系统也是反脆弱系统。地球生态系统从建立至今，至少有 35 亿年了。在这漫长的岁月里，这个生态系统中的个体要素生生不息、无穷无尽。特别是人类诞生之后，给地球生态系统带来了巨大的改变，但截至目前，这一生态系统仍然能保持最基本的稳定和活力，足见其生命力的坚韧。[二]

---

[一] 世界卫生组织发布的《2023 年世界卫生统计报告》显示，预计到 2048 年，全球预期寿命将达到 77 岁。

[二] 环保主义者认为人类要积极改善，保护地球生态系统，否则就会造成整个系统的崩溃，以至于让全地球的生物丧失家园。

在这些反脆弱系统中，你可以看到，构成人体系统的细胞很脆弱，老鼠、蚊子这些令人反感的小生物的个体很脆弱，构成地球生态系统的动植物个体都很脆弱，但由这些脆弱个体构成的人体系统、种群系统和生态系统却有着极强的生命力。

这就是反脆弱思维的精华所在——当脆弱个体集中在某一系统中，成为这一系统的组成部分时，个体的脆弱性反而带来了系统的反脆弱性。

数字时代中很多基于新兴技术的事物，如数字化平台、分布式存储、区块链、边缘计算等，都是具有反脆弱性的系统。"0-1"这样的二进制，很容易在复杂的数字系统中由于各种状况的干扰而出错。计算机死机、信息传输过程中信号衰减、计算机感染病毒、机房失火等意外都会干扰最终数据的正确性。但你总能获得准确的计算数据，能在网上看到高清的视频，这都是因为数字化技术具有极强的反脆弱性，可以自我恢复。

如果我们把反脆弱思维用于自己企业发展战略、商业模式的设计，会不会带来一个长寿的企业呢？经营一家企业，干得大、干得强固然是我们所希望的，但是我相信所有人都更希望自己能够干得足够久。在某种程度上，干得久是干得大和干得强的基础。

显然，追求完美的企业是很难做到这一点的。如果一家企业要控制自身所处的整个行业价值链，同时要对每一位员工进行机械式的管理，那它的寿命一定不会很长。外部环境稍微发生一点变化时，僵化且完美的企业就会像"瓷器"一样被无情地打碎。

## 以反脆弱思维构建反脆弱系统的规则：快速进化，建立简单规则

构建反脆弱系统非常简单，你只需要确保遵循两条规则：①快速进化；②建立简单规则。

快速进化指的是构成系统的脆弱个体要具有快速进化的能力。生物的种群之所以是反脆弱系统，是因为它们强大的生殖能力和适应能力，这确保了它们具有快速进化的能力。此外，统领整个系统的规则要尽可能简单。简单规则有利于快速地迭代和演化。如果管理系统的规则过于复杂，迭代就会慢下来。

根据这两条规则，我们可以看到现实世界中很多企业的变革就是立足于反脆弱系统的。在电子商务平台上销售产品的商家需要遵守平台的管理规则，并且快速迭代自己的产品和服务，以便获得消费者的好评，从而获得平台的流量推荐。海尔正在进行的组织变革——人单合一，也立足于在组织中构建反脆弱系统。所谓人单合一，其实就是将海尔原有的层级式组织架构打散，依据简单规则组建成一个个小的业务单元，每个单元都可以单独开发新产品以满足消费者的需求。如果某一个单元的产品被市场接受，海尔就会向这个"创新小组"注入资源，让其发展成能支撑集团未来收入的核心。人单合一之下，海尔希望能通过立足于反脆弱系统的组织变革来实现多个利润中心共存的状态。

从某种程度上来看，反脆弱思维在商业模式设计和组织变革中的应用，实际上帮助企业规避了管理规模的限制。管理规模是

管理关系的规模，而不仅仅是下属人数的规模。管理者需要管理自己和下属之间的关系，同时要管理下属之间的关系，否则，就会出现下属之间互相推诿的事情。当然，管理关系中的"关系"二字不是普通的人际关系，而是指不同岗位之间的协调、配合、权力分配、责任分配与技能互补、性格差别、学习能力等内容组成的广泛意义上的工作关系。当人数增加时，管理关系的规模会呈指数型增长。

海尔因为不确定未来哪款电器产品会成为主流产品，这个领域还会出现什么创新产品，采取了人单合一的模式实现对创新能力的激发，其结果或者说期望得到的结果是总有一些"创新小组"可以创造出更适合未来的产品。在战略上，这被称为产品的多元化扩张。<sup>⊖</sup>如果企业要用层级式组织来实现这样的扩张，就需要直接招聘并管理规模庞大的团队。这对海尔的管理能力提出了巨大的挑战。采用反脆弱的人单合一，把每个"创新小组"变成创业小单元，就可以避开超级复杂的管理——创业小单元当然是自己管理自己。如果某个创业小单元的创新能力弱、管理水平差，自然会被淘汰，这会给新的创业小单元成立的机会，从而实现快速迭代，这遵循了简单规则。如果情况正相反，某一创业小单元创造了市场接受度极高的产品，那么，海尔就会用资源放大其价值，实现创业小单元和集团平台的扩张。

反脆弱思维还能给运用它的企业带来更大的利益。根据阿里

---

⊖ 相关内容在本人 2020 年于北京燕山出版社出版的《极速增长：企业扩张策略》中有更深度的论述。

巴巴 2022 财年数据，阿里巴巴生态体系全财年的 GMV 为 1.312
万亿美元。<sup>⊖</sup>根据亚马逊 2022 财年数据，亚马逊全财年的营收为
5140 亿美元。<sup>⊜</sup>阿里巴巴和亚马逊之间的这种巨大的差异，就是反
脆弱思维起到的最终效果。

当然，如果极端事件发生，具有反脆弱性的事物会更有生命
力。商业模式设计中有一条铁律：一个商业模式中获益的利益相
关者越多，它的生命周期就越长。

要将反脆弱思维用于企业的战略和商业模式的设计中去，你
只需要遵循两个规则，快速进化与建立简单规则，但这给企业带
来的收益将是无穷的。

## 数字世界的反脆弱本质

数字世界天生具有反脆弱的本质。比如分布式存储技术，使
重要的数据能够保证不被丢失。这些重要的数据的备份会以不同
的形式出现在不同地方、不同类型的存储设备中，一旦发生数据
丢失现象，数据拥有者立即可以从备份中恢复数据。区块链当中
包含了大量错误的数据，有些人会因为利益故意修改或歪曲真实
的数据，但只要这么干的人不超过总人数的 51%，最终真实的数
据依然会被记录下来。如果某个组织或者个人想要掌握 51% 以上

⊖ 阿里巴巴. 阿里巴巴集团 -2022 财政年度报告 [EB/OL]. [2023-08-12].https:// static.alibabagroup.com/reports/fy2022/ar/ebook/tc/10/index.html.
⊜ 新华网. 亚马逊 2022 年亏 27 亿美元 创历史最差成绩 [EB/OL]. (2023-02-03) [2023-08-12].http://www.news.cn/world/2023-02/03/c_1129334265.htm.

的算力，他们将付出极大的代价，甚至得不偿失。<sup>⊖</sup>

正如尼采所说，"凡杀不死我的，终将使我更强大"。反脆弱思维不能保证一家企业永远生存下去，但是会大大地强化其生命力。相比那些脆弱且被完美控制的企业，具有反脆弱性的企业将会有极其稳定的生命周期，同时可以从不确定性中获益。其获益的手段是，让脆弱的个体来承担不确定性，同时保证系统的反脆弱性，并在商业活动中获取最大的利益。

这虽然有点残酷，但是商业的本质。

## 第三节　流量思维：用流量洞察商业的底层逻辑

提到流量，几乎所有人的第一反应就是人流量。人流量对商业的影响是刻在每个商人骨子里的。零售商业的萌芽期就有了人流量的概念。人们建立集市，一开始就是希望能够将商品的供应者和购买者集中到一地，进行交易。至于后来衍生出的集市文化，是这种活动长期开展所产生的行为习惯以及集体人格的体现。卖货郎之所以不畏艰辛，跋山涉水，目的也是让自己货担中的商品被更多人挑选。随着商业发展得越来越成熟，行业分工中渐渐出现了专门搭建渠道的商业形式，如便利店、电器城以及如今在中

---

⊖ 51%算力攻击，也称双花攻击。简单来说，是指有破坏意图的组织或者个人控制了超过51%的算力之后，就可以对区块链进行篡改、攻击。类似地，在企业中，如果谁掌握了超过51%的企业股权，那么这家企业的控制权就会落入他（他们）的手中。

国各大城市都有的购物中心，这些商业体关注的都是人流量。

某商业地产开发商创始人说过一句话，"商业地产的经营有三个要素，第一是选址，第二是选址，第三还是选址"。这句话看似搞笑，但实际上却是商业地产经营的真谛。商业地产选址的重要考量因素其实就是人流量，在保证人流量的基础上，再考量成本等其他要素。

数字科技时代，流量成了网络最关注的内容。网络之所以有这么大的威力，其缘由不外乎把线下的人流量转化为线上的人流量。人们通过网络进行消费，这对商业地产造成了范式上的打击。如今的短视频、直播带货，以及公域、私域等概念都基于人流量。

不过，从战略上来思考流量，可不仅仅是人流量这么简单。战略研究者将数字时代称为"流量经济时代"。此时此刻，流量思维是每个企业家必须拥有的新的思维方式。这一节，我们就来系统地分析流量思维的深刻内涵。

## 商业中流量的本质

我多次在自己的课堂上向企业家学员提问："谷歌、阿里巴巴、美团等互联网企业的本质到底是什么？"

得到的回答往往是，谷歌是搜索引擎企业、阿里巴巴是电子商务企业、美团是新零售企业。从具体细节上来看，大家的答案都十分准确，但这些答案却无法帮到他们自己的企业。很多企业家学员来听课，听的还是课程本身，他们缺乏从课程本身抽象出概念和规律的能力。最能从课程中受益的人往往是能从课程本身抽象出概念和规律的人。他们带着自己对概念和规律的理解，回去结合自己的企业开展实践，能找到适合自己的战略规划。有些企业非常厉害、非常伟大，它们之所以能取得今天的成绩，是因为在过去几十年中，它们的发展战略与商业宏观环境互相适应和促进。你如果照抄别人的战略，用成功者之前的战略来面对不一样的宏观环境，大概率是要失败的。

回到一开始的问题，谷歌、阿里巴巴、美团等互联网企业的本质到底是什么？其实，它们都是"流量企业"。

谷歌提供信息流服务，阿里巴巴除了提供产品信息流服务，还提供资金信息流和物流信息流服务。从流量这一本质视角上来看，美团和阿里巴巴并无差别。移动互联网和计算机互联网之间最重要的差别便是移动互联网所关注的信息之中，增加了位置信息。[一]基于位置信息，移动互联网可以为客户提供点到点的即时服务。因此，从抽象上来看，美团和阿里巴巴其实在本质上毫无差别。

那什么是流量呢？流量本属于物理学概念，原本用于衡量流体在单位时间里通过有效截面的流体量，后被借用来描述互联网数据量、关注度强弱等指标，有网络流量（Network Traffic）、数据流量（Data Traffic）等分类。网络流量多指网络上的人流量，数据流量多指人流量之外的信息流量（如图 4-10 所示）。

---

　　[一]　虽然都关注客户的地址，但移动互联网采用了新的 LBS 定位服务，因此能提供即时的服务。LBS，Location Based Services，即基于位置的服务：利用各类型的定位技术来获取定位设备当前的所在位置，通过移动互联网向定位设备提供信息资源和基础服务。

图 4-10　流量的分类与含义

流量是商业的本质。在本书一开始，我们就做了剖析并得出结论：企业经营的核心就是对各种信息的处理，依赖信息做出决策。

网络流量的本质其实是注意力和时间。没有注意力和时间的人流量毫无意义。我们经常看到有些线下店铺在人流量特别多的地方开店，如地铁站、机场、高铁站等地。的确，这些场所的人流量巨大，但人们往往是匆匆赶路的状态。虽然人流量很大，但极少有人对这些店铺投入注意力并花费时间来了解店铺里的产品。因此，虽然这些地点人流量巨大，但成交转化率极低。

有些商家在多地开店或者寻求渠道合作，目的是构建自身产品与服务的渠道网络，获得网络流量。从这个角度来看，线下和线上的人流量都可以称为网络流量，并无本质上的差别。电视媒体、纸质媒体、书籍、网络等都可以抽象地理解为网络流量的载体，其竞争本质是对人们注意力和时间的争取——谁获得了注意力和时间，谁就掌握了未来。⊖

此外，我们应该注意到，为了让企业的产品与服务持续获得目标客户的注意力和时间，我们需要注意对数据流量（包括资金信

---

⊖ 吴修铭.注意力商人：他们如何操弄人心？揭密媒体、广告、群众的角力战[M].黄庭敏，译.台北：天下杂志，2018.

息流、物流信息流）的获取和分析。资金信息流是客户最终购买意愿的终极体现以及衡量企业经营是否健康的"造血系统"，而物流信息流是评估生产、供应链、服务的重要依据。这些信息不仅可以让企业管理者掌握实际的经营状况，还可以根据它们做出管理升级的决策，优化管理水平。因此，我认为数据流量的本质是管理。

## 流量思维对商业行为的深层次造影

流量思维和关注信息的不同之处在于流量思维更关注"流动的信息"。我见过企业拥有的大量沉淀信息，这些信息非但没有给企业管理者带来收益，反而成了沉重的负担。

几年前，我到访一家企业，提及数据信息对商业决策的重要性后，企业创始人极其兴奋地将我带到企业的内部资料库门前，小心翼翼地打开这间恒温恒湿房间的门，我看到了一沓沓摆放整齐的纸质版资料。创始人说，这是他们企业创办以来17年所积累的全部资料。从询价单、采购合同、经营合同、商户开发计划到品牌规划、宣传文案等，都完好地保存着。从来没有人试图对其中的信息加以分析，原因是它们看上去毫无关联，难以寻求其间逻辑。最后，随着资料积累得越来越多，再去翻找它们已经变成一项沉重的工作了。

沉淀信息不能给企业带来任何好处，除非你让这些信息流动起来。流量思维，其实强调的就是信息的流动，从而让企业管理者能从信息数据的变化中找到经营行为和经营结果的关联性，并据此做出有利于企业未来发展的决策。

这个过程就像我们对人体进行血液造影一样，医生必须通过观察血液的流动，才能判断循环当中到底是哪些环节出了问题。到底是脑血管、心血管还是瓣膜有问题？有什么问题？如何解决？

依据造影，医生才知道到底该如何为患者制订治疗方案。同样，企业内外部的信息必须流动起来，管理者才能知晓：到底是研发出了问题，还是营销出了问题？是物流不及时带来了客户投诉，还是售后服务让客户不满意带来了投诉？

通过流动的信息，企业管理者甚至可以预测消费者的消费需求。商家能够成为比父母更了解孩子的人，⊖同样可以比你自己更了解你。流动的信息加上一些简单的关联规则和预测推荐，就可以将商家的产品和服务信息直接推送给目标消费者，这是任何商家都梦寐以求的新兴技术。

在 TO B 端，万物互联会让信息流动起来。例如，随着传感器技术逐渐成熟，机械设备的生产厂家可以通过附着在已经出售的机器上的传感器，实时监控设备在客户工厂中的运转情况，从而给出准确的维修预测，降低客户因设备损坏造成停工的风险；

---

⊖ 2012 年 2 月 16 日，《纽约时报》刊登了 Charles Duhigg 撰写的一篇题为《这些公司是如何知道您的秘密的》的文章。文中介绍了这样一个故事：一天一位男性消费者怒气冲冲地来到 Target（美国第二大零售商）的门店，向经理投诉——该店竟然给他还在读高中的女儿邮寄了婴儿服装和孕妇服装的优惠券。但之后，这位父亲与女儿进一步沟通才发现自己女儿真的已经怀孕了，于是他致电门店道歉。这体现了"关联规则＋预测推荐"算法的作用。

客户可以通过厂家提供的设备进行远程操作作业，降低现场出差成本。

任何让信息流动起来的数字化变革，都会给你的产品和服务带来赢得极大的竞争优势的机会。你可以设计无数个这样的场景，只要你能深刻理解流量思维的本质。

## 流量经济：商业经营就是网络流量和数据流量的不同组合

如前所述，我们可以将影响商业的流量分为网络流量和数据流量。那么，所谓流量经济就基于这样的假设：商业经营就是网络流量和数据流量的不同组合。数据流量进一步可以分解为产品和服务信息流、资金信息流和物流信息流（供应链信息流和实物物流信息流）。数字时代，流量思维所囊括的内容，如图 4-11 所示。

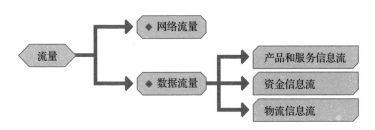

图 4-11 流量思维所囊括的内容

从图 4-11 中我们可以看到，企业管理者需要树立的所谓流量思维就是这样一种思维方式：企业经营最关键的环节就是信息流量循环的建立和维持。这个循环的建立，要求管理者在通过扩散产品和服务信息流吸引网络流量并促成交易的同时，关注企业内部的资金信息流和涉及采购与交货的物流信息流，完成整个交易的流量闭环。交易的流量闭环是一个循环：产品和服务信息流通过网络流量展现给客户，在交易促发的过程中，产生资金信息流；交易之后，会产生物流信息流；客户收到货物后，交易完成并促发下一轮交易（如图 4-12 所示）。

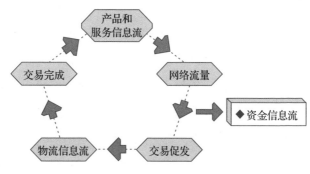

图 4-12　企业经营的信息流量循环

### 1. 产品和服务信息流

产品和服务是企业经营的起点。任何企业都需要打造能解决客户需求的产品和服务，并将其信息推送给准客户。数字时代，产品和服务的信息可以通过多种渠道对准客户进行推送，如网络渠道、实体店铺渠道、推销、客户转介绍等。实际上，关于渠道建设，企业应该有更全面的考量而不仅仅依赖主流渠道。渠道选择的策略应该基于对成本和效益的衡量来决定。例如，企业要发布的产品是简单易用的实物产品，那么网络渠道是不错的选择；

产品和服务需要一定的体验或者需要对市场进行教育才能被客户接受，那么实体店铺渠道会比较占优势。不过，对于后者，你也可以选择在网络渠道上先公布产品和服务的信息，再邀约客户到实体店铺渠道体验。当然，如果是 TO B 类的专业设备，企业则需要考虑建立销售代表处或者招募能提供技术支持的代理商。这样，当客户遇到问题时，销售代表或者代理商可以及时协助客户完成设备的调试和安装，提供设备使用技术培训以及优质的售后服务。

### 2. 网络流量

当企业对外发布产品或服务的信息后，当然希望获得准客户的关注。网络流量是衡量客户关注某款产品或服务的指标。这里的网络流量，狭义上指网络上的人流量，广义上则是指全渠道中的人流量。

数字时代中，人流量的最大来源将由实体世界转到网络世界中来。这里的网络不仅仅指传统意义上的互联网，还涉及车联网、物联网等形态。现在，已经有人开始在行驶的汽车上、高铁上下单购买商品了。在不远的未来，当物联网更加普及的时候，家里的冰箱和家具亦能作为下单的入口。

无论网络流量从何而来，一个不争的事实是，从浩瀚的网络中获取一个有效客户的注意力的成本越来越高。早在互联网兴起的阶段，获客成本仅仅是几元，如今有时甚至高达上千元。因此，企业管理者在考量网络流量时，不得不对三项指标做出衡量：有效性、针对性、持久性。

（1）有效性。

企业获得网络流量的有效性的衡量指标是围绕注意力产生的投入产出比。也就是说，企业应该以最低的成本获得最多的关注。该如何做到这一点呢？答案很明显，尽量少花钱购买流量，而应该策划优质的传播内容来引爆关注。

在众多号称能引爆关注的方法论中，乔纳·伯杰<sup>⊖</sup>（Jonah Berger）的"疯传六要素"是最经得起实践考验的。我曾经和相关企业运用他的方法论，获得了极大的成功。

疯传六要素包括社交货币（Social Currency）、诱因（Triggers）、情绪（Emotion）、公共性（Public）、实用性（Practical Value）、故事（Stories）。六要素的英文首字母缩写是STEPPS，简单好记。

所谓社交货币，是指你所策划的内容应该具有在社会交往中"被炫耀"的价值。比如，买了新款的手机，发现了一款好玩的游戏或者一本好书，获得了航空公司漂亮的会员勋章或者某种神秘的会员身份等，这都是社交货币的一种体现。你的产品和服务当中，要设计类似的内容让客户自发去传播。

诱因方面，更便于传播的是思想。如果你的产品和服务当中倾注了某种思想内涵，则非常容易产生口碑相传的诱因。比如，

---

⊖ 乔纳·伯杰，沃顿商学院教授，在全球顶级学术刊物上发表了大量关于营销学的文章，在学术和教学上都获得了诸多的荣誉，其中包括沃顿商学院授予的"钢铁教授"（Iron Prof.）称号，著有《疯传：让你的产品、思想、行为像病毒一样入侵》。

苹果公司的品牌意味着不惧权威、发起挑战，那么人们就会在谈及自身的这种品质时，联想到苹果公司这个品牌。

情绪是人们采取行动的主要原因。在对领导力的研究中，学者们发现，打动情感是引发行动的主要手段。例如，每个人都知道日常健身很重要，但很少有人能坚持下来。倘若听闻自己的一个朋友或者同学因为长期不运动而导致身体健康出现问题，人们更容易立即采取行动，走进健身房。因此，当你策划的内容可以打动观看者的情绪时，更容易被他们传播出去。

如果话题是具有公共性的，那将更具传播威力。人们普遍关心与自己以及每个人都相关的事情，并非常乐意将与人人相关的事情告诉亲朋好友。大多数产品和服务、思想与行为都只是被消费者隐秘地使用着，这对供应方开展传播非常不利，因为人们看不到其他人的选择，跟随和模仿就无从谈起。因此，要使产品和服务具备公共性话题，方法之一是发出公开的信号，让私人的事情公开化。

实用性方面，如果你的产品和服务具有超强的实用性，将会获得更多的关注。比如，网上流传着一位86岁的老人教大家如何有效地清除玉米须的视频，点击量远远超过那些猎奇的视频。

如果我们能围绕着产品和服务打造一个故事，特别是当这个故事包含疯传其他五要素的时候，故事与产品和服务将会被"热烈地传播"。TOMS的创始人布雷克·麦考斯基通过一个"穷人小孩没鞋穿"的故事，让这个鞋履品牌从阿迪达斯和耐克构建的品牌垄断中脱颖而出。麦考斯基承诺，消费者每购买一双TOMS

的鞋,他们就会送出一双鞋子给买不起鞋子的小孩。他们践行自己的承诺,最终成就了 TOMS 的辉煌。

疯传六要素的魅力在于人人都可以用它来设计自己的产品和服务的信息传播内容,同时,不需要投入大额的广告费用就能获得目标人群的关注。它能确保信息传播的有效性。

能让企业有效获得网络流量的还有"多看效应"和"思考快与慢"这两个值得关注的心理学以及脑科学研究结果。

多看效应是指在信息爆炸的情况下,一个人要多次见到某信息或产品,这个信息或产品才会引起他的注意,进而赢得他的偏爱。宝洁利用这种效应,在个人洗护产品领域中开展多品牌运作,抢占超市货架,让消费者处处都可以看到宝洁的产品,从而获得了巨大的成功。连锁店铺品牌在开店过程中,往往前面几家店并不能实现盈利,要到第五家、第六家店铺开起来之后,才会实现全面盈利,这也是多看效应在起作用。如今,大量的信息被潜意识承载。潜意识所包含的信息,需要多看效应才能被激发,从而让人们做出有意识的选择。

当你们企业的产品面对的是成熟的红海市场时,市场中已经存在大量的竞争品牌。这意味着你们的目标客户可能已经习惯于不假思索地选择已经存在的品牌的产品,而不是你们提供的同类产品。诺贝尔经济学奖获得者丹尼尔·卡尼曼经过研究发现:我们大脑当中有两种实现思考的方式。他称之为系统 1 和系统 2。系统 1 是能对周围环境做出快速反应的系统。当人们习惯于某事件，遇到同类事件发生时，大脑就会调用系统 1 来识别事件并给出行动的指示。你可以将其理解为"直觉脑"。假设你平时经常用海飞丝洗发水，需要再次购买时，你大概率会不假思索地购买同一品牌。大脑用系统 1 来实现快速反应，实际上是一种思考上的偷懒行为。这种偷懒行为让人们能够从容地面对大量的信息，并快速地做出选择，但也会让人们逐渐丧失分析能力。

当直觉不起作用或者人们发现面前的事件是全新的事件时，才会调动系统 2，也就是"分析脑"，来分析和辨别新事件的独特特征。此刻，人们会将两个相近的事件进行对比，发现其差异并且选择对自己有利的那一个。当系统 2 做出选择后，就会把这个选项存入系统 1，作为下一次选择的"快捷方式"。

了解上述情况后，就会知道如果我们是在红海市场中与原有的品牌竞争，唯一能够获胜的办法就是让目标客户启动大脑中的系统 2。否则，系统 1 会让人们快速地忽视我们，选择熟悉的品牌。因此，在新产品的推广当中，很多企业要为自己的产品设计一些非常明显的差异化要素，同时要进行大量的市场教育（应用多看效应），让人们开启大脑中的系统 2，对这些差异进行分析。这是一种代价高昂的行动，但我们不得不承担。

另外你会发现，很多营销理论都是基于多看效应、系统 1 和系统 2 的原理（思考快与慢）的。比如，特劳特的品牌定位理论的核心观点——抢占消费者心智，其实就是建议企业通过一系列的"多看行动"，让消费者对自己的品牌与产品开启系统 2，之后再开启他们的系统 1。所谓抢占心智，就是让品牌与产品成为消费者大脑中系统 1 中"关于这类品牌与产品"的唯一决策快捷方式。

疯传六要素、多看效应和思考快与慢，对网络流量的有效获取，都有不容忽视的影响。

（2）针对性。

因为网络流量的获取成本高昂，所以如果企业能够有针对性地获取网络流量，将带来更高的转化率。网络流量的针对性获取，要求管理者思考三个方面的问题：第一，内容投放的渠道是否具有针对性？第二，内容是否具有"有趣 + 激励"的情感属性？第三，是否遵守了"复杂 – 简单"原则？

• 渠道针对性。

渠道针对性需要管理者衡量：自己所希望提供的产品和服务，最精准的受众是谁？他们习惯的媒体是什么类型的？他们经常在什么场所出现？

当你通过调研对自己的目标客户有了一定的了解时，就能找出上述问题的答案，然后有针对性地投放你的内容。这有利于你找到性价比极高的投放渠道。

• 有趣 + 激励。

为了提高转化率，你还需要确保投放的内容既有趣，又包含对观看者采取下一步行动的激励。有趣，会确保投放的内容能够在最初几秒吸引观看者的注意力，你不要忘记了，网络流量的本质之一是注意力。同时，单纯的有趣未必能够提高转化率，因此，在内容的结尾，你要设计一个激励措施，鼓励观看者采取下一步行动。

我看过很多视频宣传片，视频中，主播滔滔不绝地介绍企业的产品质量如何好，虽然价格贵一点，但是性价比一流。这种视频的观看者寥寥无几。相反，那些一开始并不谈及企业自己的产品，而是塑造一个与产品相关的有趣场景的视频，会让观看者兴致勃勃地看到结尾，最后，遇到企业设计的激励措施，采取行动。如果观看者真的是企业的目标客户，企业有为之提供解决方案的能力，那么，观看者大概率就会跟着你的设计去尝试产品。

有趣也可以激发好奇心。谷歌曾经为了招聘程序员，在高速公路边竖起了一个广告牌，牌子上面是一道数学题，除此之外再无其他。一般人根本看不懂这个牌子上的内容，但优秀的程序员就会对此充满好奇，他们会用手机拍下这道数学题，回去计算。如果能计算出正确的结果，就会获得一个网址信息。接下来，只要他们访问了这个网址，就会看到另一道数学题，开始接下来的测试。

设计激励，比如告诉目标受众可以免费了解详细内容，或者提供限时折扣，都会鼓励受众进一步探索有关你的产品等的信息。

• 复杂 – 简单。

复杂 – 简单原则，是对网络上流传的一句"金句"的回应——"高手总能把复杂的问题简单化"。实际上，这句话更合适的阐述方式应该是：高手总能把复杂留给自己，把简单留给客户。

你可以深究很多产品延续性创新的路径，深入理解什么叫"把复杂留给自己，把简单留给客户"。比如，数码单反相机对比原来的机械单反相机的创新之一，就在于省去了使用者洗胶卷的麻烦，但这毫无疑问地增加了产品开发的难度。后来，手机上的摄像头逐步替代了数码单反相机，这也是功能开发者进一步挑战"复杂"的体现，给使用者带来了简便。

同理，你投放的内容想要获得受众的注意力，在满足"渠道针对性""有趣 + 激励"的同时，还要注意让受众能够非常容易地理解你企业产品的特性。特别是在这样一个解决方案盛行的数字时代中，刻画一个场景，让受众立即就了解你企业的解决方案能够解决他们的什么麻烦，尤为重要。

很多不明此道的内容设计者，会在初步吸引了受众的注意力后，开始大篇幅地介绍自己的产品。本质上，这是"以我为主"的立场和出发点，这样一来，就相当于"把复杂留给客户，把简单留给自己"。特别是当你企业的产品具有独特的创新性时，介绍起来会非常麻烦。就算受众真的有需求（别忘记，他们是因你的激励而来的），也会对非常烦琐的产品介绍感到不耐烦。所以，你需要刻画一个场景，用最简单的办法，快速地展现产品最大的价值或者最突出的那一项价值。

当然，很多时候，产品本身就是非常复杂的，通过简单的介绍根本无法让受众意识到其特点。如果你确实遇到这种情况，那就激励受众来你的线下门店或者其他场所进行深入交流。这样可以确保受众不会被其他事情打扰，有机会专心来了解产品，而且他们一旦行动，和你达成交易的概率就会大大增加。

（3）持久性。

近些年来流行的私域社群的运营实际上是为了保证网络流量持久性的经营行为。当你通过投放内容获得了一定数量的受众关注时，要想办法让部分或者全部的受众转化为你的私域社群流量。

私域社群从形式上可保证网络流量对后续交易有持久性。同时，我们还可以运用私域社群来搜集客户对产品的使用反馈，找到持续改善的方向。此外，对于能为客户提供解决方案的企业来说，私域社群能够帮助它们提升客户采纳解决方案的可能性，持续购买或者复购。这就增强了网络流量的持久性。

但正如我所说，构建私域社群是从"形式上"保证网络流量持久性的做法。实质上，要想让客户持续复购你的产品，你还要专注于为他们提供价值。只有极致的价值才能真正实现持久性。否则，你只是得到了一些进了群或者关注你之后就不再采取任何行动的"沉寂粉丝"而已。他们不是流量思维所倡导的持久性的来源。

### 3. 物流信息流

在交易达成之前，企业管理者就需要考虑物流信息流对客户价值的影响。物流信息流包含公司的内部物流信息和面向客户的外部物流信息，更狭义的说法是供应链信息流。

无论我们需要获取和分析哪种类型的物流信息，主要都是为了达成货物周转总效率的提升，并降低总成本。简单来说，分析物流信息，就是为了让货物以最快、最便捷、最短路径运送到需求者手中，提升货物周转速度，降低货物静止时长，塑造整个物流体系的灵敏性与柔韧性。

物流信息流通常被认为是企业经营中采购、生产和发货环节中的物流信息。随着社会分工越来越精细，很多企业的经营可能仅涉及上述三个环节，但这并不意味着管理者只需要关注自己企业涉及的物流环节。举例来说，很多以营销为主的店铺类、电子商务类企业，只涉及供应链的进货、发货环节。但实际上，产品供应商采购、生产过程中的涉及供应链的各个环节（零部件在不同生产环节中流动）都会影响到进货、发货环节的效率。数字时代，尤为如此。假设，你通过电子商务平台在短期内获得了大量的订单，但前期为了节省资金，没有备足库存，你对产品供应商的涉及采购和生产的供应链信息了解不足，那么可能就会面临发货困难。在消费者越来越缺乏耐心的时代中，发货不及时会引起大量订单取消以及差评，对企业来说，这可不是什么好事。但如果你为了及时交货，备下了大量库存，一来可能会造成流动资金的紧张，二来可能会出现备货和订货情况不匹配的情况，这会带来更大的损失。

数字化可以改善上述情况，你可以和供应商以及客户共享供应链信息，全面掌握供应商的交货期和客户耐心的极限值，从而更好地处理物流环节。从某种程度上来说，物流环节从来都是被企业当成"成本中心"来对待的。但其实，优秀的供应链管理会使其成为企业的"利润中心"。如果你能先于竞争对手发货或者能用有限的资金在单位时间内多完成几次交易，就可以获得额外的利润。

要做到这一点，你需要注意以下四个方面的问题。

（1）尽可能设计更多的流媒体数字信息交付。

如果企业能够在产品交付环节上，设计更多的流媒体数字信息交付，会大幅提升供应链的效率。假设你的产品是音乐、电影、大型软件，那就应该尽可能地设计流媒体交付形式而不是仍然选择发售光盘。同样，很多服务也可以采用数字形式交付，如客票、发票、出版物都可以采用数字形式交付。

没错，总有些产品仍要采用实物交付，但你完全可以采取更好的方式，用"数字+实物"来完成供应链的优化。计算机、汽车，甚至海鲜、新鲜水果，都可以先让消费者支付定金或者购买数字提货券来实现精准交付，而不必担心实物在仓库中损坏、腐烂。

未来，随着3D打印技术的进步和普及，很多实物可能会基于购买制造材料和打印图纸来进行交付。我们购买一个杯子，可能仅仅需要商家给我们杯子的打印图纸，然后使用商家推荐的材料，在自己家里就可以打印杯子的实物。

显而易见，数字化技术将大大优化供应链的效率。

（2）充分利用数字信息技术：数据选址、数据监测、数据管理。

当实在无法实现交付产品的数字化时，我们可以利用数字信息技术来进行选址发货，即数据选址。数据选址特别适合快速消费品行业大促销、节假日等快递公司物流负担重的情况。我们可以对过往的销售数据进行分析，然后根据相关性预测，把在某地畅销的产品提前运到该地区的货仓。这样，一旦消费者下单购买，我们可以按照"就近原则"来发货。如此一来，消费者会因为享受到快速的物流服务而提高对品牌的满意度，还能帮助企业节省费用，优化库存和供应链管理。

为了进一步确保预测的准确性，除了事前分析之外，我们还可以对交易数据进行实时监测和管理。在产品持续销售的同时，优化供应链。我们可以根据不同产品在不同地区的实时销售情况及时调货，并对所有的库存数据进行实时管理。一旦发现某款产品的库存趋于告罄，就可以适时组织生产，通知零部件供应商备货，这会大幅度缓解交货压力，对产品销售形成支撑。这是通过数据实现高效管理的核心。

（3）加强物流网络的敏捷性和柔韧性。

利用物流信息流，我们可以加强物流网络的敏捷性和柔韧性。敏捷性意味着我们能够及时响应市场的需求，同时适时终止需求偏弱的产品的生产，甚至根据不同地区消费者的不同喜好来调配产品。

柔韧性则意味着在面临重大突发事件时，我们仍然可以为客户提供快速的服务。如新冠疫情期间，有些厂商和电子商务平台的店铺，就因为建立了柔韧性好的供应链体系，能快速满足不同地区对卫生产品、药物的不同需求，广受赞誉。当某地仓库遭遇火灾或暴雨、台风等灾害性天气时，有柔韧性供应链的企业能快速从其他地区调货来满足客户的交货需求。能这么做的企业会获得上下游配套企业和客户的信任，从而建立更牢固的商业关系。对此，全球顶级供应链研究学者尤西·谢菲<sup>○</sup>（Yossi Sheffi）曾经专门出书来诠释"企业如何从严重的供应链冲击中复原？"——重点在于企业应如何采取行动降低供应链的脆弱性，增强柔韧性。

数字化是提升供应链柔韧性最好的选择。

（4）关注自动驾驶和物联网技术的发展。

很多国内城市已经开辟了专门的道路用于自动驾驶汽车测试，这意味着，自动驾驶将进入一个不可逆的发展周期。这也是数字化的功效——围绕着汽车的传感器正在数字化道路上的一切要素，人、其他动物、汽车等。数字时代的自动驾驶得以全面实现的基础应该是"车与车之间依赖物联网进行沟通"加上"基础道路设施的物联网化改造"。当两台自动驾驶汽车在路面上行驶时，前车可以跟后车随时保持沟通。一辆车是否要刹车、转弯，左转还是

---

○ 尤西·谢菲，麻省理工学院工程系统教授，也是麻省理工学院运输与物流中心的主导者。后面提到的著作是《柔韧：麻省理工学院供应链管理精髓》以及《物流集群》。

右转，都会提前给周围的汽车发出"通知"。如果你想让人类驾驶员做到这一点，会非常困难，但如果是自动驾驶汽车，做到这一点易如反掌。机器和机器的通讯，异常方便，这会大大降低交通事故发生的概率。同时，基础道路设施也可以进行物联网化改造，就像汉堡码头那样，让汽车与交通信号灯、道路、交通围栏等设施进行沟通，增加黑客等别有用心的人对自动驾驶系统发动攻击的难度，确保安全。

此外，我们可以看到物联网技术对物流信息流的改善。单单一个简单的 RFID<sup>⊖</sup>标签就能大幅度提升物流管理效率。只要你在货物上贴一个几分钱成本的 RFID 标签，就可以全程追踪货物的运输情况。

未来，随着物联网技术的进一步发展，会实现比如汽车与汽车之间的连接，汽车与船、飞机之间的连接，这会让物流信息流的重要性进一步提升。

### 4. 资金信息流

对于图 4-12 所示的企业经营的信息流量循环，确保这个循环能够顺利进行的就是资金信息流。从产品和服务信息流到网络流量、物流信息流以及交易过程，处处都有资金信息流的身影。资金信息流融入了整个循环，没有资金信息流的支撑，企业无法顺利运转。

---

○ RFID，即射频识别——一种自动识别技术，其原理为阅读器与标签之间进行非接触式的数据通信，达到识别目标的目的。

资金信息流是企业生存和发展的"血液"。这意味着，企业的资金要保持流动。资金存量重要，但流动性更重要，只有流动起来的资金才能保证企业各个"功能器官"的血液供给。合理的资金分配机制对于企业各个部门的良好运转有巨大的作用。如果企业希望为客户提供更优质的产品，势必要投入足够的研发成本。如果企业希望将现有的产品推广到更大的市场范围中去，必然要考虑市场推广上的投入。因此，在企业扩大规模时，必须做好资金上的准备。

事实上，很多企业管理者并不能清楚地知道，在企业经营的各个环节中到底有多少资金在流动。这是一个不可思议的事情，但它是事实。特别是业务场景非常复杂的企业，比如服装行业的企业，大量的库存可能会让巨量资金沉淀在它们的库房当中。

财务数据和业务数据无法融合，会使企业的资金信息流处处受阻，就像人体当中被堵住的血管一样。有时候，资金信息流的失控，一方面会让企业浪费大量的资金，另一方面会迫使企业以股权寻求"外部输血"。

如果我们想更好地利用资金，就应该深究资金信息流对应的流量思维。请记住，资金是在流动中变成创造财富的资本的。我们可以通过涉及公司金融、供应链金融、公司债、股市融资等的财务手段来运作得到所需要的资金。让资金更有效地支持企业经营业务的发展，而不是受其所累。

资金信息流对应的流量思维强调现金留存、流动性、合理分流三大要素。

所谓现金留存，实际上就是企业账户上的现金。现金留存多数用于支付一些应急突发事件的账单。例如，K12 教育⊖行业收到禁令时，新东方账户上仍有超过 100 亿元的现金留存，这保证了消费者所缴纳的课费可以被及时退还。这给新东方赢得了极其优质的口碑，以至于当公司以直播作为第二曲线战略时，得到了消费者的肯定。在企业经营中，需要面对很多突发状况，产品研发、市场推广都有可能需要追加预算外的资金，特别是竞争对手入局参与时，尤为如此，这意味着企业需要预留一定的现金来满足应急的要求。

流动性方面，流动性管理主要是指对成熟稳定运转的业务的资金信息流管理。对于成熟稳定运转的业务，企业往往会投入大量的流动资金，用于采购原料、组织生产、交付订单。其间，企业管理者要注意资金的周转率和周转收益。拿零售企业来说，特别是快速消费品行业的企业，竞争已经进入了资金和存货周转率的竞争。企业管理者越是能够让现金实现快速周转，越是能够提升企业的盈利水平。优秀的零售企业至少可以在一年内完成数十亿元现金的六七次周转，每一次周转都会给企业带来更多的利润。⊜

合理分流要求企业在创新项目上，予以合适的资金分配。在

⊖ K12 教育，指从幼儿园到高三（12 年级）的教育，基础教育阶段的通称。

⊜ 以名创优品为例：据彭博社统计，中国企业平均需要约 83 天才能收回货款，其中工业企业的回款周期约为 131 天，技术型企业的回款周期约为 120 天，而名创优品能够把回款周期压缩到约 15 天（杜博奇 . 名创优品没有秘密：通向未来的商业力量 [M]. 北京：中信出版集团，2016.）。

现实的经营中，企业管理者经常会做出开辟新市场、研发新产品，却不给资金支持的决策。特别是在企业一方面有正在运转的成熟稳定的业务，另一方面在寻找第二曲线时，这种现象特别突出。

在管理者的角度看，向成熟稳定的业务投入资金，具有相当的确定性；向新业务、新产品投入资金，则是不确定的。对不确定性的恐惧，让一些管理者经常闹出"既要马儿跑，又要马儿不吃草"这样自相矛盾的错误决策。因此，资金信息流对应的流量思维特别强调资金的合理分流。

完整且合理的资金信息流管理模型应该是图 4-13 所示的这样。

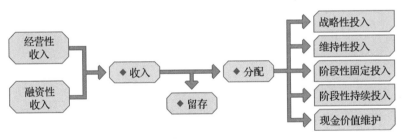

图 4-13　资金信息流管理模型

企业资金的收入包括经营性收入和融资性收入，所有收入应该按照不同情况，保有一定比例的留存。余下的资金要进行分配来支持战略性投入（新产品、新服务）、维持性投入（现有成熟业务）、阶段性固定投入（建厂房、购买机械设备）、阶段性持续投入（人员培训、组织发展）和现金价值维护（企业银行理财等提升现金价值的金融手段）。如果企业能够按照这个模型来管理自身的资金信息流，使其与企业业务相融合，将会为企业的健康发展提供源源不断的"新鲜血液"。

到目前为止，我们已经对企业经营中的流量思维做了简要的分析。数字化将帮助企业管理者更好地掌控影响企业战略的流量思维，从而让企业能够在运用成熟的数字化技术来提升企业经营效率的同时，激发创新活力。

## 流量思维塑造商业环境中的企业韧性

不难看出，企业在自身的发展战略中融入流量思维之后，就能在具有不确定性的商业环境中塑造出极其珍贵的韧性。在面对不确定性这个议题上，我们可以运用反脆弱思维从不确定性中获益，同时，我们也应该看到，流量思维可以进一步增加企业的反脆弱性。

若管理者有足够的抽象能力，能将企业经营理解为对各种信息数据的管理，在大多数的情况下，他们就能依赖对各类数据的自动获取、分析做出更优的战略决策。更优的战略决策，毫无疑问是企业良好发展的基础，是增强企业韧性和生命力的保障。

同时，我们看到，流量思维强调企业管理中资金、物流、生产等方面效率的提升，这会进一步增强企业韧性。当企业寻找第二曲线的时候，运用流量思维来获取目标客户的注意力和时间，给创新业务分配合理的资金，提升供应链的可调节性等，都能帮助企业更顺利地实现新的增长。新的增长是企业韧性和生命力的集中表现。

数字时代中，对信息数据处理的手段越来越丰富。以前的管理者发愁的是企业没有办法搜集数据，如今却苦恼数据太多，不知道如何分析。建立流量思维，再加上数字化的工具（包括软件及智能设备），让企业管理者能够一眼从本质上洞察企业的经营状况，从而做出最优决策。

能在一秒钟洞察事物本质的人，和一辈子都看不透的人，谁更有可能获取人生的成功呢？

## 流量思维新经济的解析

在就读数字经济和可持续发展博士课程的时候，我深深认识到：从某种程度上来说，流量思维是新经济范式的底层思维。此外，数字经济直接对应的是复杂经济学。技术达成某应用目标的路线有很多条，为什么某条技术路线就会成为新兴技术标准，从而让拥有该技术标准的企业获利，而其他企业则成了被淘汰者？布莱恩·阿瑟用复杂经济学以及涌现<sup>⊖</sup>的概念来解释这种现象。涌现的结果是无法预测和提前确定的。但如果企业管理者能建立流量思维，依据各类数据的流通情况来做出技术路线的选择，事实上可以让拥有技术标准的企业成为大概率意义上的成功者。

在新的数字经济范式中，流量思维是一种强大的经济发展动力的解析思维。你可以运用这种思维方式来对各种经济现象进行有效的解析，从而制定出更符合经济发展趋势的战略规划。此外，我

---

⊖ 指一个系统中个体间预设的简单互动行为所造就的无法预知的复杂样态的现象。

们看到，很明显地，新的数字经济其实是围绕流量建立的。无论是直播电子商务、视频号，还是物联网时代里汽车和智能家居设备所产生的订单与收益，都与流量密切相关。这些具体的商业模式之所以能产生强大的吸金效应，都与人们感受到了流量的威力有关。

企业战略思想的诞生是依赖于经济学的，这点毋庸置疑。如图 4-14 所示，在亚当·斯密的分工理论以及大卫·李嘉图的比较优势理论盛行的时代，战略管理领域只能诞生泰勒的科学管理这样的体系。虽然乔治·埃尔顿·梅奥<sup>○</sup>（George Elton Mayo）基于霍桑实验提出了人际关系理论，但也只能遭到广泛的忽视。同理，当经济发展进入演化经济学和生态经济学领域后，战略理论思想也发生了变化，平台战略和生态战略应运而生。从这个角度来看，当流量思维成为数字时代经济的底层思维时，如果在战略设计中没有注意对它的考量，那么我们得到的战略规划一定是不完善的。

图 4-14　战略思想与经济学的关系

要得到数字时代最优的战略规划，显然，企业管理者要熟练地掌握流量思维，并把它融入身处数字经济浪潮中的企业的新战略之中。

---

○ 乔治·埃尔顿·梅奥，美国管理学家，行为科学奠基人，人际关系理论创始人，著有《工业文明的人类问题》。

## 第四节　共赢思维：新世代的竞合法则

自从"战略"一词被引入商业和企业经营领域中，它就几乎一直被用来强调竞争。这源于"战略"这个词暗含的战争隐喻。想到战争，立刻出现在人们头脑中的画面几乎都是"你死我活"的竞争。所以，"战略"用于强调竞争，也就理所应当了。

事实上，战略除了有竞争的含义之外，还有在某种条件下合作的深意。在政治上，你会发现战略当中既有互相竞争，又有精诚合作。商业领域有同样的现象，采购商和供应商会因为价格问题进行竞争性博弈，可一旦出现某种物资缺货，采购商又会希望和供应商建立合作关系，以便拿到物资，生产产品，实现盈利。互为同行的竞争对手，比如同是通讯业的社交软件公司和电信运营商，也会因为外部市场环境发生变化而进行合作。比如，腾讯曾经与中国移动、中国联通合作，眼下它们又有在云计算、5G技术推广等项目上的合作。⊖社交软件的业务曾经替代了电信运营商最赚钱的业务之一——短信业务，按照常理来看，双方应该是水火难容的竞争对手，事实却不然。

为什么竞争对手会选择时而合作，时而竞争呢？这背后到底遵循着什么样的标准？在什么场合中，竞争对手之间会充满敌意；在何种情况下，互为竞争对手的双方又会积极合作呢？

上述问题有非常简单的答案：当大家希望共同开发新市场的时候，商业上的竞争对手就会选择合作，而当新市场逐渐饱和时，

---

⊖ 吴晓波.腾讯传：中国互联网公司进化论 [M]. 杭州：浙江大学出版社，2017.

又会开始竞争。正所谓"天下大势，分久必合，合久必分"。问题的答案虽然简单，但背后蕴含的道理却是极为深刻和系统的。"分合"的背后，其实是共赢思维在起作用。共赢思维带来了商业新世代的竞合法则。

## 在有限游戏中竞争，还是玩无限游戏

詹姆斯·卡斯⊖（James P. Carse）在自己闻名全球的著作《有限与无限的游戏》中，基于对两类"游戏"的分析，诠释了博弈的两种方式：一种是固定规则，参与者进行的零和博弈；另外一种是所有的参与者一起共赢博弈，打破旧规则并建立新规则。

比如棋牌对抗类游戏，往往是有固定规则的，交手双方需要在固定规则下分出胜负。这意味着对手之间要采取零和博弈的行为，一方损失的就是另外一方所获得的。但还有一种游戏是各方一起向旧规则发起挑战，并建立新规则——新规则一定是让各方都有受益的，这便是共赢博弈（也称为非零和博弈）。

在商业领域中，同时存在以上两种博弈行为。这两种行为区分了战略的"竞争"和"为客户创造价值"两个维度。在数字时代，相较于关注战胜竞争对手，企业更应该关注为客户创造价值。因此，共赢博弈将在这个时代占据上风。

数字化技术正在快速地引起范式的变化，社会环境、国家治理政策、经济和技术本身也都在发生巨变。这些穿透整个人类社

---

⊖ 詹姆斯·卡斯，纽约大学宗教历史系教授。他的《有限与无限的游戏》具有广泛的影响力。

会的巨变引发了巨大的不确定性。在满是不确定性的世界中，固定规则看上去是那么"食古不化"。人们开始对以往被视为"顺理成章"的规则发起了挑战，在商业上尤为如此。以至于抱残守缺的企业管理者往往不知道究竟谁才是自己的竞争对手。既然规则在变，竞争对手的可见度变得越来越低，那么在固定规则下发生的、必须有对手的零和博弈就显得毫无作用了。我们看到，优秀的企业正对规则发起冲击，它们信奉的是：竞争只发生在"客户日益增加的价值需求"与"需求满足的方式和手段"这两个对手之间。为了能为客户提供更好的产品和服务，传统上互为竞争对手的角色，现在随时可以变成合作者。

一旦企业管理者建立了共赢思维这种全新的思维方式，就会发现巨大的市场空间。客户需求和价值主张永远都在发生变化。多年以前，大部分中国人的理想是能够拥有一辆自行车来解决出行问题，现在许多人都开上了汽车。然后，人们追求品质更好的汽车。接下来，开始有人希望能够买到新能源车以便节省油费并彰显自己环保主义者的身份。如今，出于锻炼身体和环保出行的需求，大家又对骑自行车乐此不疲。只不过，这次不需要人们出钱购买自行车，只需要扫二维码就能骑上共享自行车。

需求的变化永无止境。法国哲学家、社会思想家让·鲍德里亚<sup>⊖</sup>（Jean Baudrillard）在《消费社会》一书中揭露了大型集团是如何利用技术引起人们无穷无尽的消费欲望的，可谓一针见血地指

---

⊖ 让·鲍德里亚，法国哲学家、现代社会思想家、后现代理论家，被称为"后现代主义的牧师"，有多本知名著作，比如《消费社会》。

出了"人乃是欲望动物"。虽然鲍德里亚对大型技术集团的行为有指责的意味，但从人类本身对欲望的控制力来说，我们也不能忽视"欲望永无止境"这样的现实。在商言商的商人，当然会激发并满足人们不断出现的欲望，从而实现在市场上的盈利。为达成为客户创造价值这一目的，共赢博弈是最适合不确定性时代的博弈方式。

借用卡斯的话来说，你到底是想在有限游戏中竞争，还是玩无限游戏呢？这当然由你决定，但如果你选择后者，就必须掌握共赢思维并用它制定企业战略。

## 共赢思维：打破零和博弈的困局

事实上，零和博弈早就遇到了巨大的困难。它有三大顽疾，分别是囚徒困境、公地悲剧和志愿者困境。这三大顽疾，让零和博弈在多次博弈中必然地导致悲惨的结局。

### 1. 囚徒困境

囚徒困境源于以下场景：

犯罪团伙的成员 A 和 B 被逮捕并被监禁。每个囚犯都是单独监禁，不可能互相交换信息。

（1）警察没有足够的证据证明两人是主犯，他们打算以较轻的罪名判处二人各监禁 1 年。

（2）如果他们当中的一个人能供述同伙犯有严重的罪行，则供述者可以被释放，而同伙将被判处 3 年监禁。

（3）如果两个人都供出对方的罪行，则每个人都会
被判处 2 年监禁。

这两个人无法知道对方的决定，同时都被告知，对
方知晓同样的条件。

如果我们就上述情况列出 A 和 B 做出不同选择的全局价值，
就会得到图 4-15 所示的真值表。

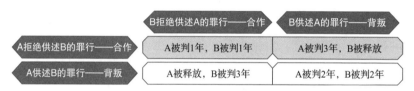

图 4-15　囚徒困境的真值表

我们可以很容易看出，对于全局价值来说，A 与 B 合作，也
就是都不向警方供述对方的罪行，博弈的收益价值最高，刑期总
和最少（共 2 年刑期，A 被判 1 年，B 被判 1 年）。但这两个人都
不知道对方会做出什么选择，因此背叛对方（也就是供述对方的
罪行）对于 A 和 B 来说都有极大的诱惑——虽然这么做，全局的
刑期变成了 3 年：如果 A 选择了不供述，但是被 B 出卖了，那么
A 将独立承受 3 年刑期，反之亦然。在不能互相通气的情况下，A
和 B 都有极大的可能将对方的罪行供出。因此，囚徒困境最有可
能的结局反而是最差的那个，也就是每个人都被判 2 年，博弈全
局价值最低（共 4 年）。

在有限范围的博弈中，我们往往只能得到最差的博弈价值。

正如多年前一些国内的旅游景点对外地游客实施非常严重的价格歧视——服务人员认为这些游客不会再次光顾。网络自媒体的揭露和外出旅游 App 的评价功能把游客和景区服务人员的博弈变成了更大范围的博弈。如果一位游客到某饭店或者旅游园区消费时有了不好的感受，他就能使用 App 来给出较差的评价。这样的评价会留在网页上，后来的游客会根据评价信息选择其消费对象。这就将有限范围的博弈变成了多人博弈。在囚徒困境中，如果囚徒们还要考虑家人是否会被自己出卖的人报复，那么出卖对方的动机就会迅速减弱。但扩大博弈范围，也不见得能让人合作。商家可能会给出小恩小惠，让消费者删掉差评，从而掩盖自己的行为。

此外，就图 4-15 而言，假设存在多次博弈，在这样的场景下，任何人都会考虑到对方的后续行为，从而不敢做出背叛行为——背叛者可能要考虑刑期结束后，是否会遭到对方的报复。多次博弈虽然能缓解囚徒困境，但仍不能确保博弈的各方都进行合作——背叛者可能会罗织被监禁者的罪名，加长其刑期，降低多次博弈发生的可能性。

囚徒困境是零和博弈的顽疾，必然会降低博弈的全局价值。

## 2. 公地悲剧

所谓公地悲剧，源于以下一类情况：

（1）牧民在草原上放羊，如果每位牧民养的羊过多，就会造成过度放牧。

（2）过度放牧的最终结局是草原来不及恢复，从而引发所有的牧民都失去继续放牧的机会。

（3）专家经过计算，将每位牧民养羊的数量和草原能承受的牧羊总数确定下来并公布，要求每位牧民按照规定数量养羊。

（4）每位牧民为了自己的利益都希望自己能养更多的羊。每位牧民都希望别人能少养一些羊，避免草原变成荒漠。

这类事最有可能的结局是，很遗憾，草原变成了荒漠。面对公共资源的使用，如果没有有效的管理和针对违规行为的曝光渠道，就会引发公地悲剧。一个人的收益源于另外一个人的损失，零和博弈的顽疾几乎会必然地导致公地悲剧的发生。就算有人一开始是遵守专家给出的建议的，不追求过分的利益，但总有一些人会利用其他人的守规行为来扩大自己的利益。当遵守规则的人发现了这点后，他们也会变成规则的破坏者以追求公平。

### 3. 志愿者困境

公地悲剧的"反向操作"之一就是志愿者困境。前者指人们使用公共资源获利时发生的博弈行为，后者指人们在伸出援手承担风险时发生的博弈行为。

真实世界中发生的最悲惨的志愿者困境悲剧之一是引发无数人唏嘘的基蒂·吉诺维斯谋杀案。

1964 年，美国纽约发生了一起谋杀案，被害人的名字是基蒂·吉诺维斯，她在自家公寓的院子里被人刺死。《纽约时报》报道，有 38 个人耳闻或目击了凶案的发生，但他们都没有去救人，因为他们认为其他人会联系警察，并不想因牵扯其中而承担个人责任。<sup>⊖</sup>

后来，美国媒体和美国民众对这场悲剧做了大量反思。《时代》《纽约邮报》《每日新闻》《先驱论坛报》《纽约新闻报》等都报道了这一事件，引发了美国人对人性冷漠的大讨论，并启发了人们对"旁观者效应"进行研究。事实上，旁观者效应无时不在发生。在中国，我们也会看到一些社会现象符合旁观者效应。这是零和博弈难以根除的顽疾——单纯强调社会需要高道德水平，不能彻底根除它。

这三大顽疾成为任何一个博弈全局价值无法提升的核心阻碍。商业环境的变化和客户对企业能提供的价值的追求，要求利益相关方能够提供更高的博弈全局价值，否则，任何一家企业都难以适应环境变化并为客户提供卓越的价值。因此，整个商业新范式对共赢博弈的呼声越来越高。

共赢思维意味着在互动过程中，每个参与方都会考虑全局价值和别人的利益。这意味着对弈各方不再是完全对立的，一个角色有所得并不一定意味着其他角色要遭受同样价值的损失。例如，研发生产企业和上游供应商进行共赢博弈，大家一起就潜在创新

---

⊖ 有证据显示，《纽约时报》的报道是失实的。

产品和新市场进行联合开拓，如果达成这种合作，意味着研发生产企业可以尝试使用新材料、新研发方向以及新生产方式，供应商会为研发生产企业配套相关的新材料和零部件。大家一起来承担新市场开发的风险，同时获得未来的收益。这种方式将打破研发生产企业和配套供应商纠结于采购价格的零和博弈，形成合力，一起挑战市场规则，从而让双方都获得更大的收益。

哈佛商学院教授亚当·布兰登伯格是研究企业如何在博弈中合作的全球顶级专家。他提出的"竞合策略"确定了一个全新的商业博弈框架：当众多相关企业面对早期的新兴市场时，需要共同把市场做大。此刻，各个利益相关方会进行共赢博弈。当新兴市场变得成熟时，各个利益相关方就会进行零和博弈，确立自身在这一市场中的份额。当大家又发现其他的早期的新兴市场时，利益相关方的博弈又会转为共赢博弈……这意味着，在商业运作中，不同角色或者同一角色，可能既是竞争者，又是合作者，一切取决于企业的战略目标和身处的商业环境。

在共赢博弈阶段，会形成新市场的主导企业和配合企业；在零和博弈阶段，只要主导企业不失去其主导地位，就会自然而然地成为新市场的最大受益者。那么，如何在共赢博弈阶段成为主导企业，就成了企业战略的核心。

## 博弈论在商业中的应用

商业博弈的构成要素可以简单分为5个，分别是参与者（Players）、附加价值（Added Values）、规则（Rules）、认知

（Tactics）、范畴（Scope）。你可以用它们的英文首字母缩写 PARTS 来记住这 5 个要素。

### 1. 参与者

参与者泛指商业博弈的所有参与者，常见的例子如一个行业价值链的所有参与者。参与者之间存在直接和间接的商业利益关系，一个环节直接或间接地影响其他环节的收入。

### 2. 附加价值

附加价值是指任何一个角色参与博弈时总体的博弈价值减掉它没有参与时的博弈价值。某个角色的附加价值越大，其成为主导角色的可能性就越大。

例如，在"最后上车者"博弈中，如果一张桌子需要四个人才能抬起，当有了三个人参与时，最后一位参与者（"上这台车"）的附加价值就会变得更大，他有可能成为该局博弈中的附加价值最大的人，进而主导博弈。

在商业运作中，当我们根据商业模式与战略实施形成一个博弈局时（例如各个生产方凑成了一个集中采购的平台，想要节省采购成本），如果没有客户最终参与到该博弈中来，生产方所有节省成本的努力就会化为乌有。因此，对于没有差异性的成本领先战略，客户具有最大的全局附加价值，往往会成为局面的主导者。

### 3. 规则

无论是游戏还是商业博弈，都有特定的规则。比如扑克牌游戏、棋类游戏和商业运营，都有相关规则，任何参与者都要遵守规则。在商业博弈中，商业模式就是所有利益相关者必须遵守的规则。这意味着当我们创新、升级商业模式时，实际上就是跟詹姆斯·卡斯说的一样，"与规则玩无限游戏"。

### 4. 认知

认知是指参与博弈的多方对同一件事情具有的不同看法。当我们需要与多方进行配合时，要意识到各参与者对同一件事情具有不同的认知。这种差别可能会源于大家看事情的不同角度或者不同的个人经历、理解力、学识（一项或者多项的不同组合）。提升认知能力，将讨论置于同一认知水平之上，是在博弈中达成共识的前提。

### 5. 范畴

范畴是指选拔博弈各方和博弈内容的范围。例如，从博弈的角度看待管理，就可以将管理看成管理者与下属之间的连续博弈。博弈的范畴包括管理者和每个下属、下属之间以及管理者意志与下属个人意志。

改变上述任何一个要素，都会改变博弈的性质。例如，我们可以通过改变参与者，将零和博弈转化为共赢博弈。

商业博弈的常见参与者如图 4-16 所示

与博弈参与者主体企业相关的客户和供应商是非常明显的博弈对手，在此不做赘述，另外两个容易被忽视的角色分别是竞争者和互补者。其中，竞争者是指满足下述条件的角色：如果客户拥有一方的产品或服务后，另外一方的产品或服务对此客户就毫无价值。此时，双方就互为竞争者。互补者指客户同时拥有双方的产品或服务的时候，要比单独拥有一方的产品或服务时有更高的满意度。上述 5 种角色构成了常规商业博弈的价值网。

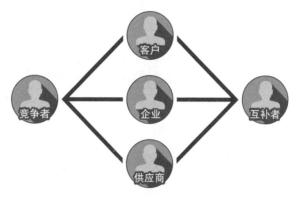

图 4-16　商业博弈的常见参与者

引入更多的客户必然会增加企业在博弈中的附加价值。例如，如果生产的产品被更多人购买，则企业在价值网中的价值必然会增加。同理，引入更多的供应商就能通过比价来降低企业采购成本，从而增加企业的附加价值。引入互补者也会增加企业的附加价值，如英特尔的微处理器和微软的操作系统使二者构成了功能互补的 Wintel 联盟<sup>⊖</sup>，让两家企业成为个人计算机时代的主导企业。最让人忽视和难以理解的是，很多情况下，引入竞争者也会增加

---

⊖　Wintel 联盟的实际作用：每当英特尔提升了微处理器的性能，微软就会配合推出一款新的更为复杂的操作系统，"吃掉"英特尔新的微处理器增加的性能，从而"逼迫"消费者升级计算机的软件和硬件。

企业在价值网中的附加价值。例如，众多连锁饭店联合起来，形成油、米、面等常规食材的集采平台，由于订单规模巨大，集采平台可以向供应商压低采购成本，从而增加饭店联盟的附加价值。再如，在出行互联网市场中，滴滴和快的发起大规模竞争，导致其他小型竞争者消失，之后，两家巨头合并成为一家"巨无霸"企业，增加了自身的附加价值，并成为行业的主导企业。

同理，改变附加价值、规则、认知、范畴当中的任何一个要素，都会改变博弈的性质。如果参与博弈的附加价值增加，博弈参与者合作的可能性会快速提升；如果规则改变了，商业模式升级了，可能会有更多的利益相关者加入博弈并且形成全新的合作；提升管理者的认知水平，也会让博弈变成共赢的局面；缩小或扩大博弈各方和博弈内容的范畴，最终亦会改变博弈的性质。

## 如何成为合作中的主导企业

在开拓新市场的时候，多方参与者会形成共赢博弈，互相配合，共同开拓新市场。但任何一个市场都会进入发展成熟期和瓶颈期，此刻典型的特征是市场占有率增长速度放缓，销售额增加比例大幅度下降，保持在一个平稳的状态。

在一个新市场建立并成熟的过程中，共赢博弈的多方中，能否成为市场的主导者，决定了一家企业在成熟市场当中获得的最终份额——主导企业将毫无疑问地获得最大的份额和利润。

决定共赢博弈中主导地位的是附加价值。也就是说，谁能给这一局博弈带来最大的附加价值，谁就会更有可能成为博弈的主导者。

在共赢博弈的过程中，能采用更先进技术的、能提供高性价比产品的企业会在一开始时获得相比于其他参与者稍高一点点的份额优势，但并不显眼，往往不能引起大家的注意。如果企业获取优势的原因是实质性的，时间会逐步放大它的微小优势，使其成为显著的力量。逐渐地，其余参与者可能会如梦初醒，意识到获得优势的参与者对博弈全局的强大影响力，只不过，它们此刻想提升自己的影响力已经来不及了。例如互联网公司腾讯在推广自己的社交软件 QQ 的时候，曾经和通信运营商共同合作。腾讯利用自己的流量来为运营商导入短信收发的流量，运营商则为腾讯在自己规模巨大的实体服务体系中提供推广渠道。但这种合作最终的结局是 QQ 的发展和微信的出现，可谓彻底结束了短信收发的业务。当运营商发现这一状态的时候，互联网社交软件的发展已经具备了势不可挡的局面。在后续移动互联网的发展阶段，运营商和互联网公司找到了更好的合作方式。运营商为互联网公司的发展提供了多个维度的服务，同时，互联网公司的快速发展，让运营商得以销售"流量大礼包"，双方都在博弈中获益。只不过，你会发现主导新博弈的还是互联网公司，因为它们采用新兴技术，为用户提供高性价比的互联网、数字技术解决方案。在云计算、大数据、人工智能这些领域，互联网公司的竞争优势明显要高于运营商。

创造价值，永远是商业的主题。能以新的方式创造新的价值并且被客户接受，是商业成功的核心。不过，你仍然需要与利益相关者充分合作，才可能将包含创新价值的产品和服务迅速推广出去，从而得到广泛认可。商业历史上有无数案例证明了这样一个事实：共赢博弈最后的主导企业未必是博弈开始时规模最大、收入最高、商誉最优的企业，而一定是那些能在博弈中持续提升附加价值的企业，无论它以什么方式进入博弈，当初有多么不起眼。

## "自私"的共赢

共赢思维强调这样一个结论：可能每个参与方都因"自私"的考量而加入博弈，但因为参与方有了从博弈外部获取价值并把"饼"做大的目标，所以仍会紧密合作。相比于希望从博弈的其他参与者那里获得好处（零和博弈），共赢博弈更适合数字时代的商业新范式。

你可以很容易得出上述结论。原因是科技的发展，尤其是数字化的发展，似乎是一架显微镜，能让你从宏大的叙事中探查出个性化的细微差异。弗里德曼"世界是平的"的预测并没有实现，数字化呈现的是一个"沟沟坎坎"的世界。这意味着新需求会不断喷薄而出，而新需求的满足也会持续让企业获得创新的机遇。在这样的商业环境中，零和博弈对应的思维方式已经变得极为过时。零和博弈意味着所有的参与者需要在一个有限的、狭小的、毫无生命力的发展空间中互相博弈，争取让别人损失，让自己获益。科技的发展则实际上正在将我们带入一个无限的、广阔的、生机勃勃的新世界中去。这意味着，共赢思维将成为未来主流的商业思维。

企业战略研究大师理查德·戴维尼（Richard D'Aveni）早在 1994 年就向商业世界宣布：竞争战略将进入动态竞争时代，也就是超级竞争时代。<sup>○</sup>然而，事实上，竞争战略的发展并未与大师当初预测的完全一致。在一个稳定的商业范式中，成为推动新范式——"共赢博弈"的主导企业，还是能长期保持强大的竞争力的。例如福特、奔驰，在燃油汽车时代中，虽有波折，但始终保持着主导地位。可一旦科技带来的新范式出现，就算企业能拥有戴维尼所说的动态能力，也很难理解新范式所带来的巨变。主要原因是"旧势力"的代表者，必然因为"在一个成熟市场中处于领导地位多年"而无法理解"竞争对手要互相合作"这件事。事实上拥有动态能力的企业寥寥无几。

数字时代，如果企业管理者能普遍理解共赢思维的本质：在把"饼"做大时，博弈的参与者（就算是竞争对手）都会合作；当"饼"不能再做大时，零和博弈才可能发生。并意识到在这个时代中，能做大的"饼"几乎到处都是，零和博弈将会毫无价值，当真的有足够多的企业管理者能就此达成一致时，未来，我们将有希望遇到更多具有动态竞争能力的企业。

毫无疑问，共赢思维（打造"自私"的共赢，考虑每个参与者的利益），将是能够主导未来商业发展和企业战略的重要思维方式。

---

○ 关于超级竞争，理查德·戴维尼指出，持续优势是不存在的，只有通过打破现状才能获得一系列短暂优势，因此，长期的成功需要动态战略，不断地去创造、毁灭、再造短期优势。

# 第五节　智力资本思维：数字时代中人的作用

人在商业和企业中，到底应该被当作怎样的要素？这一直是管理学者和企业家以及社会相关人士争论的话题。从泰勒和梅奥开始，关于人的价值，始终有两种不同的观点。科学管理将人看成某一工作环节的执行者，要求每个人尽可能地将他负责的某个简单枯燥的工作环节执行到位，甚至会借助秒表这种计时器来寻求最大的效率。梅奥则试图用霍桑实验的结果扭转局面，他想证明，如果企业主更关注人性，反而能得到更好的工作结果。

之后，关于商业与企业中人的问题的观点，大致分为两派。信奉科学管理观点的，将人当成一种企业经营中可以利用的资源；另外一派则认为，就算人是一种"资源"，这种资源也是与土地、原材料、技术不同的资源。这种"资源"有个性、需要休养生息，同时有自己的追求，而这种追求不一定符合雇主的愿望。

不管大家如何争论，人力资源这一个词就此流行起来了。它背后有一个基本假设：在企业经营和经济发展的过程中，人是一种资源。虽然相比于其他资源，人很特殊，但也不过是一种特殊的资源而已。

挑战这一基本假设的人是 1979 年诺贝尔经济学奖获得者西奥多·舒尔茨。他在 1960 年美国经济学会年会上，提出了"人力资本"这一概念，因此被称为"人力资本之父"。在其理念的后继者中，尤为突出的是 1992 年诺贝尔经济学奖获得者加里·贝克尔。贝克尔将自己的理论通过《人力资本》这本专著向世人推广，得到了政治家、经济学家、企业家和其他社会人士的广泛接受。虽然商业界仍然将为一家企业寻找和管理人员的部门称为人力资源部门（Human Resource Department），但很多企业早就开始特别重视"人力"的资本取向的价值了。人力资源，顾名思义，是将"人力"作为一种资源来管理并应用于商业经营。而人力资本，有一种深层次的含义——"人力"作为一种资本，实际上具有投资的价值。这意味着经济官员和企业管理者如果能对"人力"进行投资，将会给社会和企业带来资本的回报。

　　政府之所以要兴办大学，提高国民的教育水平和基本素质，实际上就是对"人力"这一资本进行投入，以期日后能带来社会生产力的提升，获得回报。企业之所以给员工提供培训，也是本着对"人力"进行投资的心态，期待日后的回报。

　　当然，企业将"人力"作为资本，给员工提供培训和晋升机会，实际上还考虑到了对人才的激励。马斯洛的需求层次理论和弗雷德里克·赫茨伯格⊖的双因素理论⊜，让企业管理者意识到，他们的下属和员工中那些"特别优秀的人"，对自己的进步和自我价值的实现，有着极高的追求。如果这些需求不被满足，人才就会从企业流失。

---

⊖ 弗雷德里克·赫茨伯格，美国心理学家、管理理论家、行为科学家，双因素理论的创始人。

⊜ 此理论认为，工资、政策与管理、工作环境等因素，仅仅是企业当中的保健因素，即这些因素相关方面的缺位会引起员工的不满，但在某种水平上持续改善这些因素的相关方面，并不能激励人们做出更积极的行为。这意味着对组织的归属感、个人的成就感、对自我价值的呈现等方面的需求，才是真正的激励因素。此理论和马斯洛的需求层次理论相吻合，获得了巨量的关注。

"人力"的概念其实包含人的体力和智力以及文化力三个方面的内容。这意味着，一个人具有其所在社会文化为基础的体力和智力两方面的能力。当社会文化对体力更为推崇时，如古代渔猎社会文化，人们倾向于视体力优越的人为社会当中的代表人物；反之，如果社会文化对智力更为推崇，智力高的人会受到更多关注。

数字时代中，社会文化显然是支持对智力的追求的。因此，人力的智力层面得到凸显，形成了一种新的思维方式：智力资本思维。企业和商业乃至经济，都应充分挖掘智力资本，对其进行广泛投资，并运用好它带来的回报。

智力资本思维，将主导数字时代里企业和经济发展中对人的价值衡量以及社会文化的标准。虽然，智力资本这一理念仍未达到部分学者的期望，⊖但对于企业和商业而言，智力资本思维将是未来的主流。

## 智力资本思维：成功的组织发展计划背后的故事

智力资本思维提示我们这样一个现实：在数字时代中，企业中最宝贵的并非那些具有传统金融价值的资产，反而是看不见、

---

⊖ 例如，发展心理学家罗伯特·凯根（Robert Kegan）认为，人就是人，有其个性与特点，不是资源也不是资本。他倡导打造刻意培养人的组织（亦译作锐意发展型组织，Deliberately Developmental Organization，DDO），这种组织背后是真正的人本主义思想。我个人认为，在未来相当长的时间里，有关DDO的思想很难全面得到应用，虽然其理论基础势必成为关于人的考量标准的新基础。

摸不着的智力资产。一直以来，企业管理者都有一个错误的观念，即金融资产是企业最重要的资产（比如，价格高昂的机器设备、土地、厂房、贵重的原材料等）。金融业已经有两百多年没有发生过有价值的变化了，特别是传统金融思维方式，这已经严重阻碍了对企业价值的评估。

严格来说，企业资源禀赋的重要性排序并非今天才有的。早在 1984 年，伯格·沃纳菲尔特⊖（Birger Wernerfelt）就发布了"资源基础论"，开创了学术界对企业资源禀赋研究的先河。7 年后的1991 年，杰伊·巴尼⊜（Jay B. Barney）深化了伯格提出的观点，形成了"企业资源本位观"。因为这一成就，巴尼被众多学者奉为"现代企业资源观之父"。他用 4 个英文单词的首字母缩写来总结自己的研究成果，即大名鼎鼎的"VRIN"框架。

- Valuable，即有价值的资源。它是构想和执行企业战略、提高效率与效能的基础。
- Rare，即稀缺的资源。某一资源即使再有价值，一旦为大部分企业所拥有，它也不能带来竞争优势或者可持续的竞争优势。

---

⊖ 伯格·沃纳菲尔特，哥本哈根大学的哲学学士、经济学硕士，哈佛大学的工商管理博士，就职于麻省理工学院斯隆管理学院。

⊜ 杰伊·巴尼，亦译作杰恩·巴尼，耶鲁大学博士，美国管理学会院士，美国俄亥俄州立大学商学院教授，曾任教于加利福尼亚大学洛杉矶分校和得克萨斯农工大学。他是国际战略管理领域屈指可数的顶尖专家之一，是企业资源本位观理论的主要奠基人。

- Inimitable，即无法复制的资源。如果一种资源很容易被复制，它就不太可能提供可持续的竞争优势。想拥有这种资源，可以基于多种因素实现，如复杂的知识、独特的历史条件或竞争对手难以匹敌的规模经济。
- Non-Substitutable，即难以被替代的资源。这种不可替代性可以保证资源的独特性不会被竞争对手以不同的方式规避。

进一步，以上内容可以表述为图 4-17 所示的内容。

| 资源与能力的类别 | 不可替代性 | 竞争优势可能性 | 案例说明 |
|---|---|---|---|
| 生产资料与要素 | 无或者非常低 | 无或者低 | 资金、设备、土地、厂房、初级员工 |
| 企业特定资源 | 较低或者较高 | 较低 | 工程师队伍 |
| 企业竞争力 | 相对更高 | 较高 | 企业的研发实力 |
| 核心竞争力 | 非常高 | 很高 | 企业独有的产品和服务设计能力 |
| 动态能力 | 极高 | 最高 | 企业开发新技术与市场的能力 |

图 4-17 企业资源与能力的阶梯描述

### 1. 生产资料与要素

生产资料与要素，比如昂贵的设备和原材料、土地、厂房、人数众多但只能执行简单任务的初级员工、通用技术等资源，都可以很轻松地从公开的市场中获得。也就是说，如果一家企业处在一个迅速发展的行业中，那么，它可以轻松地获得上述所提到的生产资料与要素。

但以上资源并非某家企业所特有的，处于这个行业内的企业都能够从市场中获得这部分资源。因此，上述资源并不具有稀缺性。例如，在经济上升期，一个想创业的人可以比较容易地获得融资，然后装修店面、购买设备、招募员工、开门营业。这些资源，只要有资本的投入，谁都可以获得，并没有什么差异化的特点。

一旦经济下行或者过热的概念冷却下来，行业泡沫就会破灭，许多企业就会破产清算、倒闭关门，能活下来的，必定是在之前的过程中形成并积累了某种独特资源或能力的少数企业。

### 2. 企业特定资源

企业特定资源如何理解呢？简单来说，就是某种资源在企业内部的价值高于其在企业外部的公开市场中的价值。

比如，一位在企业工作了15年的老员工，他对企业各个部门的流程和人事关系非常熟悉，如果他要离职，企业要招人接他的班，那么即使企业愿意出两倍工资，新人也很难在短时期内达到老员工的工作效果和效率。反过来说，如果他要去市场中重新找工作，也许拿到的工资会比目前低很多。

那么，他在这家企业里就有独特的价值。他对于这家企业来说所具有的价值，远远高于他在外部市场中的价值。但他并不是不可以被替代的。比如，这位老员工是企业的行政助理，虽然新来的行政助理在很长一段时间内做事比他差，可时间稍长之后，新人一样可以替代他的工作而且做得不错。

### 3. 企业竞争力

更高级的企业资源是企业各项组织能力的组合。这个组合，可以让企业在某几个方面具有一定的优势，更好地应对外部的竞争。比如，同样在服装制造业，行业里的巨头企业和中等水平的企业相比，前者就具有强大的竞争力。竞争力体现在巨头企业有快速生产大批量订单的能力，有优秀的且合作关系良好的供应商，有更多熟练操作设备的员工以及更好的银行信誉、更密切的政企关系。这些都是相应的组织能力带来的。

但同时，中等水平的企业也可以存活，原因是它们在小批量订单的处理上有巨头企业所不具备的竞争力。比如，它们可以不厌其烦地提供服装版式的修改服务，可以小批量生产样品单，甚至可以提供单品数量少但种类多的服装生产服务。在灵活生产、多样化服务、"什么都可以商量"的背后，中等水平的企业有属于自己的一套能力组合，这构成了它们的竞争力。

### 4. 核心竞争力

当某家企业的竞争力十分突出和显著时，行业里一旦出现需要这种竞争力才能解决的问题，就只有这家企业能提供解决方案，此时，竞争力就上升为核心竞争力。

很多人（包括创业者、企业管理者和风险投资人）对核心竞争力都有很深的误解。风险投资人会问创业者："你们的企业有什么核心竞争力？"得到的回答往往是，"我们的产品具有×××特色""我们看到了其他人没看到的空白市场"，或者"我们拥有政府机构的政策支持"等。

核心竞争力，其实并不是一件东西、一种特色、一个优于别人的竞争地位，它是一种能力。这种能力是企业在运营的过程中，通过不断学习和知识积累，广泛存在于企业的组织成员和流程中，共享于多种产品组合和终端市场中的。

它通常是竞争对手很难模仿和复制的。比如，阿里巴巴有搭建平台的核心竞争力。淘宝、天猫、菜鸟、支付宝、速卖通均在实施平台战略。阿里巴巴较少涉及具体的销售、物流、金融业务，而是"搭台请人唱戏"。搭建平台，为平台制定规则的能力，是阿里巴巴的核心竞争力。同样，对于一家想开连锁餐厅的企业来说，对连锁餐厅店面的选址、经营、人员、供应链等多种经营要素的管理能力，才是这家企业的核心竞争力。企业旗下有多少家店面，有多少员工，不是企业核心竞争力的体现。

核心竞争力和竞争优势也并非相同的概念。比如，同样是餐饮企业，A 企业的核心竞争力是设计不同用餐环境的能力，B 企业的核心竞争力是总能制作出美味菜品的能力。但这并不代表 A 企业和 B 企业就在各自的核心竞争力上有了竞争优势。如果再来一家 C 企业，设计不同用餐环境的能力高于 A 企业，制作出美味菜品的能力尽管不如 B 企业，但也差不多，那么显然，对于某些重视用餐环境的人来说，C 企业就比 A 企业和 B 企业更有竞争优势。

在某个领域里有核心竞争力的企业，往往会成为这一领域内的巨头企业。就像柯达，在传统化学成像技术时代中，是当之无愧的巨头企业，无人能与之匹敌。在多年的经营中，柯达形成了这一领域中强大的核心竞争力。可时代一产生变化，核心竞争力往往就会带来"核心僵硬"。柯达忽视数码成像时代新兴技术的发展，就是因为强大的核心竞争力给企业带来了"核心僵硬"。

你也可以用克莱顿·克里斯坦森的"创新者的窘境"来理解"核心僵硬"。正因为核心竞争力是与众不同、极具优势的，为拥有它的企业量身定制了资源组合、流程组合、价值观组合，企业据此为基础产生了独特的价值网络和竞争优势，所以，面对时代的变迁，企业才会死死地深陷其中，迅速僵化。

## 5. 动态能力

企业更高级的一种能力是动态能力。有动态能力的企业，能整合、创建、重构企业内外部资源和流程，能调整价值观组合，或者深挖价值观基础，从而能根据不断变化的外部环境，重塑出与时俱进的核心竞争力来。

拥有动态能力，可保证企业既不随波逐流，又不故步自封，能不断根据外部环境变化，调整内部自身能力，使外部机会与内部资源和能力动态契合，使企业一直处于时代的中心。比如，3M从第一产业采矿到第二产业制造，再到第三产业高科技研发、设计、咨询服务，总在创新，持续辉煌，堪称具有动态能力的企业典范。第一业务是计算机存储芯片的英特尔，曾果断放弃该产品的生产，转向第二业务——微处理器，成为个人计算机时代的巨头企业。但它却在移动设备的处理器市场中，输给了 ARM 架构处理器<sup>⊖</sup>。

巴尼的结论一发表，就引起了商业界的强烈关注，但他本人却发现，在自己构建的理论当中，几乎所有的高级资源能力都源于企业的组织能力，因此巴尼对其理论进行了调整，提出了 VRIO 框架，包含四个要素：价值（Value），稀缺性（Rarity），难以模仿性（Inimitability），组织（Organization）。

如果你仔细分析 VRIO 框架，就会发现组织才是这个框架的核心要素。优秀的组织当然可以开拓有价值的资源，并设计竞争壁垒来建立稀缺性和难以模仿性。随着商业进入数字时代，一些"毫不起眼"的年轻人在计算机键盘上敲出代码所编译的软件就能让一家小企业的市值超过最赚钱的金融和能源企业——人们很难忽视组织成员的这种看不见、摸不着的资源禀赋，即智力资本。很多人都发现了智力资本在新时代的价值，日本学者野中郁次郎不但发现了，而且提出了完整的方案来告诉企业如何才能培养、获取、运用员工的知识和智慧来建立快速增长的企业，著名的"知识螺旋"就出自他。

然而，我个人认为，在着手挖掘企业的智力资本之前，我们先要深入分析：这些智力都存留在哪些环节？为什么很多管理者并没有在日常的工作中发现或者感受到智力资本的巨大力量？真的有这种资本吗？如何才能发现它？它在哪个部门，又由谁掌握？

---

⊖ ARM 架构处理器的生产者并不是 ARM 公司，该公司本身并不制造或出售处理器，而是将处理器架构授权给有合作意向的企业。

## 正在被巨量浪费的资本：智力资本

回答"企业中是否存在智力资本？"以及由此展开的一系列问题的是《哈佛商业评论》前主编托马斯·斯图尔特。1996年，斯图尔特在《财富》上"炮轰"人力资源部门。他认为，企业里最让人对之充满恨意的就是人力资源部门。他呼吁"应该炸掉人力资源部门"。9年后的2005年，《快公司》副主编基思·哈蒙兹（Keith H.Hammonds）在自家的杂志上，历数了人力资源从业者的"四宗罪"。

罪行一：人力资源从业者论天资不是企业中最聪明的人，这些人却对那些企业里最聪明的人的工作指手画脚。

罪行二：人力资源从业者追求效率大过创造价值。他引用人力资源之父戴维·尤里奇<sup>⊖</sup>（Dave Ulrich）的话指出，人力资源从业者总是在强调做了什么，而非关注所做的工作到底创造了什么成果，产生了何种效果。

罪行三：人力资源从业者代表企业的利益工作。这意味着，企业进行绩效考核实质是为了保护自己免受员工的"指控"。人力资源从业者就像在搜集证据一样，当员工对绩效考核结果和薪酬产生疑问前来质问时，人力资源从业者会拿出考核文档，对员工说："我早就在这个文档中说过你的问题，白纸黑字，不信你看！"人力资源从业者一味地在复杂的组织中、差异化的员工个性

---

⊖ 戴维·尤里奇，密歇根大学罗斯商学院教授，人力资源领域的管理大师。在美国《商业周刊》进行的调查当中，他是最受欢迎的管理大师，排在约翰·科特、彼得·德鲁克等人之前。他被誉为人力资源管理的开拓者。

之下追求标准化和统一化,经常墨守成规地对有合理诉求的员工说"不"。这样看,人力资源从业者确实为企业带来了短期成本节约与效率提升,却是以牺牲长期价值为代价的。

罪行四:人力资源从业者经常隔岸观火。人力资源从业者总是坐在角落,置身事外,并关注着自己的利益。

哈蒙兹认为,以上"四宗罪",让人力资源从业者无法发现存在于企业中的智力资本。这群人只会做一些表面看上去能帮助企业控制成本的事,实际上他们正在损害企业获取巴尼所指出的稀缺资源禀赋。

又过了9年(2014年),另外一位战略管理领域内大师级的人物号召人们要和人力资源部门说再见,他就是拉姆·查兰<sup>⊖</sup>(Ram Charan)。查兰向人力资源高层管理者发难,他在《哈佛商业评论》上发表《是时候拆掉人力资源部了》。他在文中陈述,这不是他自己拍脑袋想出来的,而是来自众多500强企业CEO的呼声——企业的首席人才官(CHRO)总是令CEO失望。

为什么这些非常理性的大师级的人物都带有强烈的厌恶情绪排斥企业中的人力资源部门?核心原因是,现有的人力资源部门和从业者所采取的方法,让存在于企业内部和外部的智力资本变成了"隐身"的,让其余的企业高层管理者无法发现、投资、运用企业中的智力资本。这简直是一种不可饶恕的巨大浪费。

要让这些"隐身"的智力资本现身,我们还要回到斯图尔

---

⊖ 拉姆·查兰,当代最具影响力的管理咨询大师之一。

特的分析上来。他认为，企业中至少存在着两种被忽视、浪费的智力资本：人智资本、结构智力资本。结构智力资本可以继而分为组织智力资本和客户智力资本。组织智力资本又可以分为创新和流程两种智力资本。⊖上述不同类型的智力资本之间的关系如图 4-18 所示。

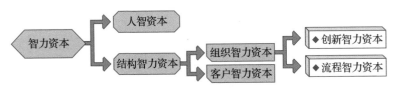

图 4-18 企业中"被隐身"的智力资本

事实上，看到有这么多种蕴含着巨大价值的智力资本"被隐身"，没有创造任何价值的同时，还消磨了企业员工的创造力与生命力，你就知道大师们的情绪表达已经十分克制了。

如果企业管理者知道这件事，他们准会更加气愤。在数字时代，对智力资本的浪费，是企业最大的浪费。下面，我来解释一下上述不同的智力资本，让你更深入地理解它们。

### 1. 人智资本

所谓人智资本，是企业的每位员工作为一个完整的"人"所具有的智力资本，包括学习能力、感知能力和分析能力。作为一个"人"，无论其在企业的职位如何、年纪大小、受教育程度高低、

---

⊖ 详情请见 " Intellectual Capital: The New Wealth of Organizations"（Thomas A. Stewart，1997）。

有无宗教信仰，都具有上述三种能力。这三种能力，给每个人带来了属于"人"本身的智力资本。

例如，你们的员工既是企业产品和服务的产出者，也是其他企业的产品和服务的客户，因此，他们有足够的能力来评价你们企业的产品和服务。如果员工本身都觉得自家企业提供的东西毫无价值，自己宁愿去买竞争对手的产品，那足以证明你们没有搜集足够的关于产品和服务价值的信息，草率地做出了新产品或服务项目的上市决定。遭遇失败，也就在所难免了。

员工作为人，对事物都有最基本的判断，很多企业往往忽视这些判断，从而犯下大错。如今，年轻的员工往往是数字时代的"原住民"，年长的企业管理者大多对数字化技术一知半解，特别是在世界从模拟状态转化为数字状态这种范式切换的过程中，如果管理者忽视年轻员工的人智资本，不听取他们的意见，将会做出错误的决策。

错误的决策将增加企业为了获取成功而付出的成本。成本有三类，资金成本、时间成本和机会成本。虽然资金成本最容易受到关注，但是时间成本和机会成本可能会给企业带来更大的损失。在"大概率成功窗口期"的约束下，时间成本会让企业永远地错过做某事的机会。错误选择的机会成本则意味着企业用做另一件正确的事的收益，来为当下这件错误的事埋单。

## 2. 结构智力资本

与每个人都有的智力资本不同，结构智力资本是一种"被隐身"在组织结构中的智力资本。结构智力资本往往因为沟通不畅所产生的"部门墙""内外墙"而没有被发现。

它包括组织智力资本和客户智力资本两个维度。所谓组织智力资本，就是滞存在部门之间的智力资本。现代化分工让企业形成了各类分工不同的部门，如研发部、生产部、市场部、销售部、财务部和人事部等。各个部门有着不同的部门文化。缺乏文化建设和梳理的企业往往不知道在企业总体文化之下，还存在部门亚文化和潜文化。例如，研发部由一群研发工程师构成，他们之间形成的亚文化是技术型文化。工程师更为关注的是对方的技术能力，他们会钦佩技术水平高且能在技术应用上进行创新的人，从而形成了严谨、求真的群体文化。一般来说，研发部的人员不能容忍模糊的、非量化的语言描述。"差不多""大一点""小一点""高一点""低一点"这种描述，会让研发部的人员非常抓狂。他们更喜欢的是"高3.2厘米"这种定量的沟通语言。再看市场部和销售部，它们面对和处理的是模糊性和不确定性很高的工作。擅长从事市场或销售工作的人往往是外向型的，偶尔会夸大其词，对不确定性的容忍程度很高。"价格再便宜点"对他们来说是非常有效的，可以自我理解和调节的沟通语言。

其余的部门间也有不同的文化。文化差异让部门与部门之间很难沟通。如果沟通很难建立并保持，大多数人的选择就是尽量不去沟通，这进一步造成了部门之间的协同障碍。协同障碍让研发部无法向市场部传递新产品的技术优势，市场部反过来认为研发部总在做一些没有市场前途的技术功能，他们也没办法将从竞争对手那里得到的信息传递给研发部来促使他们改进研发方向……任何两个部门，都无法就自己部门所积累的智力资本进行共享。这是一种巨大的浪费。

数字时代中，企业要求敏捷化。这意味着部门之间要根据市场和客户需求，或者企业挖掘出的客户价值，形成快速响应的机制。这对部门与部门之间的配合要求很高。显而易见，把本部门的智力资本（如研发部的技术洞察、技术发展预期，市场部的竞品情况、客户需求）与其他部门进行共享，是组织敏捷化的第一步。在数字时代，任何企业都承担不起丧失敏捷性的后果，因此，企业要打破"部门墙"，快速释放留存在部门之间的组织智力资本，对其投资，让其发挥价值。

组织智力资本的内涵包括两种"截然相反"的智力资本，分别是创新智力资本和流程智力资本。所谓创新智力资本，是指当企业原有的产品和服务不能满足市场与客户需求时，要开展创新活动所需的智力资本。它追求新颖性。正如德鲁克所说："研发的作用就是充当'瓦解者'，创造一个不同的未来，也就是与今日为敌。"[一]当创新发生时，最需要各个部门的相互配合，从而释放留存在部门之间"关于创新"的组织智力资本。如果不能采取必要的措施满足上述要求，创新活动将面临大量的浪费和冗余，这会导致它大概率遭遇失败。很多成熟企业在开辟第二曲线时，往往会引发混乱。例如，大型软件企业不同项目组的研发部门的工程师

---

㈠ 德鲁克．卓有成效的管理者 [M]．刘澜，译．北京：机械工业出版社，2023．

会"重复开发"同一个子程序——每个要用这个子程序的工程师都会编写同样的代码来制作该程序。其实，他们完全可以通过交流来获知"已经有人写了同样的代码"这一信息，从而大大提高创新的效率。

此外，最好的想法往往来自"最不起眼的人"。我曾经很多次指导那些遇到难题的企业管理者，将困住他们的问题向全体员工询问，最后，几乎都找到了解决问题的好办法。

> 曾经上海有一家连锁餐厅希望通过视频直播广告达到宣传的目的，但苦于市场团队中没有人掌握视频直播的技能。我们将公司的需求向全体员工公布，在他们当中找到了一位小有名气的网络红人，她深谙直播内容引流的方法，却因为在公司的职位是前台而被忽视。
>
> 公司管理者大胆起用她，最后制作出了非常优秀的广告内容，大幅度提升了餐厅的业绩。

另一种组织智力资本是流程智力资本，它追求稳定性和确定性。任何企业都不能只关注创新。任何创新活动都需要大量的支出，是花钱的工作。当企业投入海量资金开展创新活动，一定希望这些活动能在一段时间内带来持续稳定的收入。此刻，就需要按照创新产品和服务的运营过程，逐步建立规范化的流程。要知道，这种从草创到流程化的过程并非能轻易完成的，需要持续改进产品和服务，持续开拓市场，持续打造品牌，精益优化生产和供应链，改进财务体系并且抽象出流程规则。这些需要全企业各个部门的紧密配合。

只有符合市场需求的内部流程建立了，企业才可以确保持续稳定的收入增长，成为行业翘楚。所谓流程智力资本，就是确保企业能完成上述目标的智力资本。很多创业期风风火火的企业，在创业期过后的极速增长时刻，因为管理流程的不完善，发生混乱，最终黯然离场（这样的例子数不胜数）。归根结底，是企业没有深入投资和挖掘流程智力资本，以至于让前期通过努力创新所得来的大好局面，终究成了昙花一现。这种情况比创业失败更可惜。

在数字时代中，找到一条经过市场验证的创业之路并非轻易可成。如果因为后续对流程智力资本的开发和应用缺乏实践能力而遭遇失败，比创新失败更令人感到惋惜。<sup>○</sup>

客户智力资本是指客户对企业产品和服务的意见，它常常被"内外墙"阻隔。很多时候，这种意见是以"抱怨"的形式出现的。有多少企业会认真听取客户的抱怨呢？任何一家企业都会有一个"客服部门"，对外承诺会搜集客户抱怨，协助客户处理使用企业的产品或服务时遇到的问题。但大多数的客服部门，从来没有起到过被期待有的作用——一方面，客户不满意，另一方面，企业并未按照客户的意见对产品或服务进行改进。

问题其实并不是发生在客服部门或部门人员身上的，而是管

---

○ 本人的《极速增长：企业扩张策略》就是为了解决这个问题而著。

理者从未意识到在客户的抱怨中存在着智力资本,更未意识到一直被当成成本中心的客服部门,其实也可以是利润中心。事实证明,起码在产品和服务进行延续性创新的阶段,来自客户的意见对企业而言是巨大的财富。如果企业能够认真搜集客户的抱怨,搜集对产品和服务进一步完善的期望,并依据这些智力资本做出改善,将会赢得更多的客户和收入。

著名的蓝海战略的提出者韩国学者金和美国学者莫博涅认为,任何一家企业的粉丝级核心客户,相对于非客户来说,都少得可怜。庞大的非客户群体之中,有一群数量是粉丝级核心客户数倍的准非客户,他们是"不得不购买"某家企业产品和服务的人。购买并不表示他们对这家企业的产品和服务十分满意,一旦他们发现有替代者,就会立即逃离。这群客户实际上是在"忍受"这家企业的产品和服务。留下他们最好的办法就是,搜集他们的意见并按照这些意见对企业的产品和服务进行改善,直到将其转化为企业的粉丝级核心客户。

众多卓越的企业会认真分析客户的抱怨和期待,从中找出能给企业带来颠覆式创新收益的智力资本。在启动颠覆式创新时,客户抱怨当中的智力资本也尤为重要。这些客户可能并非企业的粉丝级核心客户,而是企业的准非客户(购买并忍受企业的产品和服务)或者拒绝型非客户(从未购买过企业的产品和服务),乃至是对企业的产品和服务毫无所知的未探知型非客户。

创新天才乔布斯曾扬言"客户一无所知"。实际上,根据克莱顿·克里斯坦森关于颠覆式创新的诠释,如果企业管理者为了验证一项颠覆式创新计划的可行性而找到核心客户,往往会得出严重错误的结论。核心客户更希望企业能够持续改善现有的产品,他们会对延续性创新计划给出真实可靠的意见。如果企业要想验证颠覆式创新计划是否可行,最好与准非客户、拒绝型非客户、未探知型非客户接触,挖掘他们的智力资本。乔布斯之所以说"客户一无所知",是因为他本人是颠覆式创新方面的天才,依赖自己的直觉和经验得到了上述结论,而作为非天才的大多数人,我们需要打破"内外墙"来获取来自客户的智力资本,以便找到自己的创新之路。你可以结合图 4-19 来理解这一情况。

第一层次 准非客户徘徊在你的产业边界上,随时准备弃船而走
第二层次 拒绝型非客户考虑你的产业后刻意拒绝了它
第三层次 未探知型非客户目前处于看似遥远的市场中

图 4-19 蓝海战略:非客户的分类

## 对智力资本的挖掘及从中获益,需要高水平的领导力

现在我们知道,员工智力作为一种现代企业的核心资本,不但会在工作中消耗,还需要企业关注并投资才能塑造增值。员工智力是资本而不是成本。但该如何寻找、投入、释放这些智力资本并使其增值,让不同类型的智力资本最终给企业带来收益呢?

为了找寻这一问题的答案,很多学者和专家将其归类为沟通问题。他们认为,有效的沟通能够释放企业内外所蕴含的智力资本。如威廉·艾萨克在麻省理工学院创办了对话研究,并出版了著作《商业对话艺术》。后来,学者们发现,有效的沟通实际上更多是建立在倾听的基础上的,因此,又有一批学者专门研究倾听,代表者是心理学家、美国FBI谈判专家马克·郭士顿。郭士顿的《只需倾听》一出版,便引起全球商业人士、政府人士的关注,该书畅销多年。

没错,对话和倾听,是建立有效沟通的两种最有效的方法。但为什么众多关于沟通的畅销书和培训课程都没有带来根本的改变?现在的企业,因上下级之间、同事之间的沟通不畅,仍然每天都将海量的智力资本浪费。究其原因,我认为与沟通、对话、倾听相关的所有技巧性行为的背后,其实真正起作用的是领导力水平的提升。然而,这一点却被大家忽视了。人们自以为自身的沟通技巧不够,实际上缺乏的是在文化、思维和习惯上的变化。

单纯地追求沟通技巧,并不能让沟通双方放下心中的芥蒂,让一个人说出内心真实的想法,需要更多的努力。研究表明,当一个人向其他人敞开心扉时,他所面对的是极其复杂的情感和情绪状况,包括恐惧、怀疑、担忧、羞愧、紧张等几乎所有的负面情绪。原因是,让别人知道自己内心真正的想法,意味着对他们打开心扉的同时,要承担别人错误解读自己的风险。

因此,单纯依赖沟通技巧,往往只会得到错误的或被深度加工过的信息。想要释放藏匿在企业内外部的智力资本,必须立足于坦诚和开放的态度,并获得真实信息。仅仅依靠技巧的熟练是很难达成这一目的的。此外,就算管理者有高超的沟通技巧,能够在第一次、第二次沟通中获得身边人的想法,但如果他将这些想法作为惩罚、羞辱别人的依据,那么,下一次无论他的技巧有多么高超,人们也会紧闭自己的嘴巴。想要释放"被隐身"的智力资本,需要长时间坦诚的互动,而不是一时充满技巧的沟通。

实际情况就像亨利·福特曾经说的一样,"我明明只想雇用一双手,可为什么来的是整个人?"。虽然智力资本思维提倡"雇用员工的大脑",但你要时刻谨记,来的是整个人。因此,想要获得大家大脑里最重要的智力资产,你必须面对整个人。

领导力水平高的企业会塑造坦诚的文化环境。在这样的环境中,人们根本不担心话说多了会遭受什么报复或羞辱,即使自己提供的信息是错误的、荒谬的,也不会遇到什么障碍。研究组织文化领导力的世界级学者埃德加·沙因认为,领导者应该能够做到"谦逊的问讯",如此才会获得真实的信息。中国领导力研究专家刘澜根据自己对领导力的深入研究,梳理出来提升领导力的十句口诀,分别是:"我来""我不知道""你觉得呢?""我讲个故事……""我教你""不要紧""你(我)学到了什么?""为什么?""我是谁?""我该是谁?"。◯每一句领导力口诀都有其背后的深意。如果企业领导者或者高职位管理者能将上述十句口诀理解透彻,在沟通中付诸实践,将会快速提升企业的领导力水平,并塑造出高度坦诚的组织文化。这对释放藏匿在企业内外部的智力资本至关重要。

---

◯ 刘澜. 领导力就是说对十句话 [M]. 北京:机械工业出版社,2014.

## 组织防卫和学习型组织：数字时代对"人"的重新定义

彼得·圣吉因为《第五项修炼》一书的出版和对组织的研究，被誉为"学习型组织之父"。每每提到这个头衔，圣吉都会否认自己足以承担这一称谓。任何一个人都有其心目中的老师，圣吉心目中的老师之一，是著名的组织学习学者——克里斯·阿吉里斯。

阿吉里斯被众多学者和企业家誉为"当代管理理论大师"，是公认的组织学习理论的主要代表人物之一，他发现并指出了一种在计划组织发展策略和实施策略之前必须解决的问题——组织防卫现象。[一]所谓组织防卫现象，是指当一个任何类型的组织（如企业、机构等）推行某项新政策时，都会遇到对新政策的抗拒。有些抗拒是明面上的，组织成员干脆直接反对这项新政策；有些抗拒是暗地里的，也就是"阳奉阴违"。之所以会出现这种状况，源于人们面对困难或威胁时所产生的一种自我保护反应。

变化，总是需要将人们拉出舒适区，进入学习区，才能实现。这意味着，人们将面对巨大的困难甚至是威胁。他们产生自我保护的反应，乃是一种本能。阿吉里斯指出，面对变化所引发的组织防卫现象并非只存在于企业的低层级员工身上，很多企业最高层的董事会当中也会存在强大的组织防卫现象。之所以这种现象无处不在，是因为绝大多数组织为了提升管理水平，从根本上忽视了人的个性。对企业员工行为的研究发现，当组织要求员工去做一些枯燥无味、不断重复的工作时，在智力上有相当欠缺的人

---

[一] 阿吉里斯在《克服组织防卫》一书中首次提出组织防卫现象。

的表现要远远好过那些有正常智力的人。严密的流程管理，扼杀了人作为完整的人的个性。

从心理学上来看，个性长期被压抑的人已经养成了固定的习惯。这是人们经历痛苦所养成的习惯，他们好不容易才养成了它（它们），当组织需要发生变化时，想要改变习惯，自然会遇到强大的防卫行为。

阿吉里斯的一系列洞见帮助人们找到了组织变革之所以困难的核心原因。不解决组织防卫现象，任何组织变革计划都无法达成其目的，更遑论塑造真正的学习型组织。

从智力资本思维的视角来看待这个问题，你就会发现，之所以有些企业的组织具有强大的创新能力，比如3M、杜邦等，是因为这些企业充分理解了智力资本的重要性。它们的管理制度所追求的并非固定流程式的效率提升，而是充分挖掘员工的智力资本。为了达到这一目的，创新能力强的企业会尊重每一名员工的个性。个性被尊重的个人，自然愿意持续学习、追求改变、力争进步。由这样的人组成的组织，当然会充满活力，对待变化只会产生最低程度的防卫或者压根就不会防卫。

数字时代中，变化发生的速度和规模有目共睹，因此，未来的企业可能都要按照"方向大致正确，组织充满活力"<sup>⊖</sup>的标准来转变。这一标准背后有深刻的道理。辩证地看，"方向大致正确"意味着企业的战略方向不能过于偏离商业和科技的发展趋势。在

---

⊖ 引自任正非 2017 年在华为战略会议上的讲话。

一个变化过于激烈的环境中，任何人都很难在最开始就找到精准的战略方向——需要特别有活力的组织在执行战略时，对原来的规划进行纠偏，找到真正符合实际情况的战略。只有充满活力的组织才能对战略进行纠偏和迭代。反过来看，充满活力的组织可以应对战略方向上偏离程度类的错误，适时纠正。但任何组织都无法纠正战略方向上背离程度的错误，因此，必须有大致正确的方向，而不能南辕北辙。

战略和组织的配合，大体上就是这个逻辑。智力资本思维是打造充满活力的组织所必需的一种思维方式。你不能一边用压抑个性的人力资源思维来管理员工，让其适应枯燥的标准流程，一边希望他们随时能跳出这个流程来适应变化（他们早就想这样做，但你一直不允许，并用严密的考核机制确保他们听话，直到按流程办事成了他们的习惯）。

数字时代，对工作中的"人"的重新定义，最起码的要求是：关注他们的智力资本，为他们在智力上的发展和进步而投资，尊重他们的意见和想法以及他们的个人成就感，并赋予他们足够的成长空间。

这需要深度建立智力资本思维。

## 数字时代，能否挖掘、运用智力资本，成为决定战略成败的核心条件

在数字时代的早期，出现了一些让人感觉"特别奇怪"的企

业。这些企业人员规模不大，但估值和收入却可谓"天价"。这是一种反直觉的事情，所以我搜集了一些案例，让你知道，这种事情真的存在。

---
### 唱吧

在拿到千万美元的投资后，令人没想到的是，他们的团队并没有扩张，只有十几个人。唱吧真是一家高效率的企业，成功是有理由的。

---
### 37signals

37signals，被《连线》杂志评为 2008 年十大最值得关注的创业企业之一，在 Web 应用业界可谓鼎鼎大名，不仅仅有 BaseCamp、Highrise、Backpack、Campfire 等知名产品，还出版了畅销图书 *Getting Real* 与 *Rework*。37signals 曾经只有 35 名员工（包括客服），现已运营了十余年，年收入估计超过千万美元。

---
### MailBox

它的团队只有十余人，却做出了 iOS 系统上最好用的邮件客户端，发布不到一个月就被 Dropbox 收购了。

---

## Path

发布 Path1.0 的时候，它只有 15 人，在发布让人惊艳的 Path2.0 的时候，员工人数才有 25 人。B 轮融资达到了 4000 万美元。

---

## Instagram

该企业由凯文·斯特罗姆（Kevin Systrom）和迈克·克里格（Mike Krieger）联合创办。Instagram 这一应用软件于 2010 年 10 月正式上线，随后用户数量迅速增长——上线仅一周就拥有了 10 万名注册用户。2012 年，Facebook 宣布以 10 亿美元收购成立不到两年的 Instagram——彼时，后者的员工只有 13 人。

---

## WhatsApp

2014 年，Facebook 以 190 亿美元收购了即时通信应用程序 WhatsApp，当时 WhatsApp 仅有五六十名员工，而月活跃用户数约有 4.5 亿。2023 年，其月活跃用户数约有 27 亿，而工程师仅有 50 人左右。

---

## 小红书

被称为"2015 年中国发展最快的创业企业之一"的小红书，成立仅仅 3 年时，就拥有了约 2000 万用户。此外，在完全零广告投入的前提下，它的半年销售额突破 7 亿元。和它规模相近的同类企业，员工数量是它的三四倍，可以说，这算得上相对精简的配置。

这类组织在中国并不少见，不过它们大多数是以部门的形式存在于一些大型科技集团内部。如果你考察腾讯、百度、美团、华为等企业的收购和并购案例，就会发现，实际上在中国，每年都有大量的科技企业被科技集团高价收购。

为什么这类企业仅仅有几十人，最多不过上百人，却会有如此高的市值和收入，而那些动辄数万人的企业，市值和收入还达不到这类科技企业的"零头"？一切都源于科技对人的赋能，这让这些有办法挖掘、释放并持续对智力资本进行投资的企业，迅速成为人效最高的企业。在数字时代，当人们提到企业规模时，恐怕企业的员工人数、固定资产规模这类衡量指标将不再具有任何意义——企业规模将取决于它所雇用的知识型员工的智力资本价值。这一改变将引发新一轮对企业价值的深入探讨。

数字时代，挖掘、运用智力资本创造价值，将成为企业最核心的战略依靠之一。智力资本思维，是数字时代中企业管理者和战略设计者必备的重要思维。

## 第六节　网络外部性思维：新时代的"马太魔咒"

卡尔·马克思在其恢宏巨著《资本论》中揭露了一个现实：资本利用其攫取剩余价值的能力，迅速积累财富，造成"富者愈富，穷者恒穷"的局面。但实际上，相比之下，资本攫取剩余价值所带来的贫富差距，远远小于另外一种效应所带来的差距。

随着商业价值网络化，一种新的价值效应开始被人们注意到。自从互联网时代到来，这种价值效应给商业格局带来了巨大的变化。比如，在一个行业内，营收规模排在第一名的企业，其营收额比第二名到第一百名的企业营收额的总和还多；行业前三名企业的总营收额，超过整个行业总营收额的80%。

同时，我们发现，全球排名前10%的富人所拥有的财富占全球财富的81.9%，[一]这背离了"二八定律"。这种新的被称为"网络外部性"的效应，加剧了全球的贫富差距。

这意味着，绝大多数人都在激烈的竞争中去争夺仅存的不到20%的全球财富，而那些少数人"轻松"地享有巨额财富。在商业领域中也是如此，行业排名前三的企业往往能够"轻松"地掌握行业的巨额财富，而其他企业，必须展开激烈的竞争，才能在利润微薄的市场中存活下来。

那什么是网络外部性？为什么它能帮助建立了这种特性的企业攫取巨额财富？未来，这种效应会如何影响财富的分配？

---

〔一〕 猛犸工作室.机构最新报告：全球财富已经偏离"二八定律"[EB/OL].(2022-09-23)[2023-08-13].https://m.huxiu.com/article/669211.html.

你需要建立网络外部性思维，才能获得上述重要问题的答案。

## 变强大的根源：构建强者恒强的 13 种网络外部性

《圣经·马太福音》中说，"凡有的，还要加给他，叫他有余；凡没有的，连他所有的也要夺去"。[一]借用这段论述，人们将"富者愈富，穷者恒穷"的效应命名为"马太效应"。

如今，强化马太效应的作用力有两种，一是《资本论》所描述的资本对于剩余价值的攫取，二是网络外部性。

何谓网络外部性？这种效应的发现源于一位商业领袖对一种现象的观察。

最早注意到网络外部性的是美国电话电报公司（AT&T）的总裁西奥多·韦尔[二]。他发现，在一定的市场范围内，AT&T 的用户一旦达到一定的数量，其他电话公司就很难与他们竞争了（那时不同电话公司的电话不能互相通话）。他注意到这种现象，并发现用户真正在意的是他们自己的社交网络而不是 AT&T 的电话技术。这就意味着，即使新的电话技术明显优于老的电话技术，但如果用户不能通过它来联系上自己的朋友和家人，也没人想要安装这种基于新兴技术的电话。

西奥多·韦尔在给董事会的一份报告中提到："一部电话如果不能联系他人，那么它就会变成世上最无用的东西之一，甚至比不上一个玩具或一台科学仪器。它的价值取决于与其他电话之

---

[一] 这段话在《圣经》的多个版本中有不同的译法，读者可以自行查阅。

[二] 两次出任 AT&T 总裁，共计近 20 年。

间的连接，以及连接数的增加。"发生在 AT&T 电话服务上的这种现象就是一种网络外部性。当每一个新用户安装了电话后，整个系统的价值会被提升。换句话说，整个系统的联系人增加了一个，这会让更多的连接发生。

网络外部性会给企业带来极强的甚至具有垄断性质的竞争壁垒。举例来说，如果我的朋友都用微信进行交流，就算有了更好的免费的即时通信软件，但朋友们都不在上面，我用它联系不到任何人，那么它对我也是没用的。

后续的研究者对网络外部性进行了深入的研究，他们发现，很多赫赫有名的科技企业，都有意或者无意地建立了不同种类的网络外部性，因此获得了不同竞争壁垒的叠加。这让后续采用相同商业模式的创新企业难以取胜。网络外部性甚至让拥有它的企业获得了一种能力："即使它们傲慢地服务客户，也不会造成任何损失。"

2001 年，麻省理工学院的计算机科学家戴维·里德进行了一系列研究，发现：随着联网人数的增长，旨在创建群体的网络的价值呈指数级增加。我们称之为"里德定律"。简单来说，当某种业务具有网络状连接性时，每增加一个用户或者供应者，都会使该网络的价值增加，从而对其他用户或供应者产生更大的吸引力。这种效应就是网络外部性。

### 网络外部性的 13 种形态

学者们将网络外部性按照构成逻辑分成 5 大类（直接网络外

部性、双向网络外部性、数据网络外部性、技术性能网络外部性、社会网络外部性),共 13 种形态 (如图 4-20 所示)。

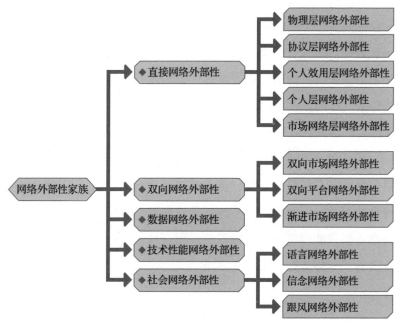

图 4-20 网络外部性家族

第一类: 直接网络外部性

所谓直接网络外部性,就像电话公司以及即时通信软件一样,每个使用者的增加都会让所有使用者获得直接的价值增加。在你使用微信和朋友取得联系时,你每个朋友的登录,都会给你带来直接的收益,这显而易见。

在广泛的直接网络外部性中,存在诸多不同的子类型,我们可以将其分为 5 个：物理层网络外部性、协议层网络外部性、个人效用层网络外部性、个人层网络外部性和市场网络层网络外部性。

• 形态 1：物理层网络外部性。

所谓物理层网络外部性，是指通过物理节点和物理连接而获得直接网络价值的网络外部性。就像自来水公司、电力公司、燃气公司以及宽带运营商和有线电视运营商，它们通过物理连接获得了直接网络价值。

大多数具有物理层网络的公司都是公共事业领域内的公司，竞争获胜者将逐渐吞噬市场份额。由于市场中很难在同一区域内出现其他玩家，客户再不满意，也很难有其他选择。

假设你住的小区，建造基础设施时只布局了一家宽带运营商的宽带线路，就算你发现这家运营商的工作人员态度傲慢，也无可奈何。除非有多家宽带运营商都在你的小区里布线，否则，你怒气冲冲，也毫无办法。而对于自来水、电力和燃气供应，在一个小区里很难会出现多家公司，因此，你别无选择。

• 形态 2：协议层网络外部性。

协议层网络外部性虽然很难让协议设置者获取极大的利益（除非你用自己发布的协议来申请专利，然后索取专利费，但这不利于你的协议产生网络外部性），但当你设置的标准和协议得到更多的人使用时，协议网络外部性就产生了。

例如，比特币协议作为数字货币的协议，被多数人接受了之后，比特币就产生了极大的价值。而且，一旦一项协议达成，就极难被取代。比如，我们今天仍然广泛地使用 TCP/IP 协议作为互联网的通信协议。

同时，我们发现，有些申请了知识产权保护的协议完全可以给协议的制定者带来巨大的价值。比如，对于移动电子设备，目前几乎所有的生产厂商都不得不采用英国 ARM 公司的专利技术——无论是哪家生产厂商，哪怕是苹果公司，每生产一颗用于手机或者平板电脑的芯片，都要向 ARM 公司支付专利费用。

- 形态 3：个人效用层网络外部性。

个人效用层网络外部性，在日常生活中常常能被我们遇到。比如，你用经过实名验证的工作微信在工作群里和同事们讨论问题，如果有人不参与或者不上网，可能会错过重要的信息，造成重大损失，对生活和工作产生影响。

- 形态 4：个人层网络外部性。

个人层网络外部性的存在，意味着我们会受到"熟人"的影响。如果你在现实生活中认识的人都在使用同一种产品来"经营"自己的身份和名誉，那么一旦你加入，你也能获得许多附加值。个人层网络外部性与个人身份及名誉紧密相关。每个节点对于其他节点来说都是内容生产者，也是每个人可能认识的潜在对象。

值得注意的是：个人效用层网络外部性和个人层网络外部性

是有区别且有联系的。

个人层网络与个人效用层网络之间存在两方面的不同。个人效用层网络通常用于必须（要）完成的事情，对于用户来说，它具有较高的实用性。个人效用层网络通常更多用于私人联络而不是公共通信。相较而言，个人层网络就不那么重要了。即使你停止使用它，你的生活也不会有太大的改变。

你可以通过对比微信的即时通信功能和朋友圈功能来理解个人效用层网络外部性与个人层网络外部性的区别。即时通信功能，让你可以完成必须（要）完成的事情，比如告诉家人晚上不回家吃饭。这对于你的生活很重要，它隶属于个人效用层网络。而在朋友圈发布信息，说自己晚上不回家吃饭，就对应个人层网络外部性——无论你发不发这条信息，对你的生活几乎没什么影响。

朋友圈的信息会从侧面反映你有什么样的习惯，或者部分反映你是一个什么样的人。如果你的朋友发现你连续 10 天都在外面吃饭，这可能说明你很忙，或者你是一个不那么重视家庭的人。所以，虽然个人层网络外部性对你的生活不会造成太大的影响，但它也有重要的价值。

• 形态 5：市场网络层网络外部性。

市场网络层网络外部性，是结合个人层网络中的身份和联系与市场交易的热点及目的而形成的。比如，在知识付费软件上你购买并收听一位老师的课程，前提是你判断出他的身份可以给你提供知识服务。或者，你在微信上找通讯录中的人咨询和购买保险，那么你一定认同他保险经纪的专业身份。在这种情况下，市场网络加强了线下的专业人士网络。这是一种直接的网络外部性，不同节点之间的关系是直接的。

第二类：双向网络外部性

这类网络外部性的显著特征是有两类不同的用户：供应端用户和需求端用户。每个用户进入网络的原因不同，但他们为对方创造关系互补的价值。

比如，天猫或者淘宝的商家是阿里巴巴网络外部性中的供应端用户，而消费者是需求端用户。大多数情况下，同一端的用户直接从对方身上抢夺价值，如售卖同一款产品的商家，互为竞争者。同理，对一款稀缺产品出价拍卖的买家之间，也是竞争关系。

双向网络外部性的间接好处通常最终比直接的坏处更有价值。市场中有很多卖家参与竞争这一特点，会吸引更多的买家。更多的买家反过来会给卖家带来更多的价值——他们必须高效地计算所卖产品的性价比，提升自己的成本控制能力。更多的买家争抢稀缺产品，同样会吸引更多的卖家加入，并最终给买家带来好处——更多的供应和更低的价格。

双向网络外部性有三种类型：双向市场网络外部性、双向平台网络外部性和渐进市场网络外部性。

• 形态6：双向市场网络外部性。

市场的双方包括买方和卖方（比如天猫和淘宝）。成功的双向市场很难被取代，要想把它的买方和卖方分开，你必须同时为双方提供一个更好的价值选择，否则没人会动心——客户为供应商服务，供应商为客户服务，谁也离不开谁。

由于市场是双向的，"市场双方构建的网络"提供了大部分价值，而不是应用程序或网站本身，这意味着市场具有强大的生命力。但双向市场网络也有一个"劲敌"，就是多平台投放现象。品牌商家可以在淘宝或者天猫上销售产品，也可以在拼多多或者京东上销售同样的产品。消费者也可以在不同的平台上购买产品。因此，当你们的用户可以运用你们的竞品而不必付出代价时，你便很难阻止对手的竞争。

阿里巴巴在 2010 推出淘宝的"升级版"淘宝商城，也就是现在的天猫，对入驻的商户收取费用并提高入驻门槛，就是为了让多平台投放者付出相应的代价，用心运营天猫店铺而不是被竞争对手轻易地吸引过去。

- 形态 7：双向平台网络外部性。

双向平台网络外部性和双向市场网络外部性很类似，只不过，平台供应商的产品只能在平台上应用。供应商创造和销售的产品是平台的功能之一，而不是独立于平台功能之外的。具有双向平台网络外部性的代表产品有 iOS 系统以及 XBox、任天堂游戏机。

这类平台产品的供应商是 App 或者游戏的开发者。开发的内容仅限于在相应的平台上使用，而不能独立使用。与在线市场（淘宝、天猫）相比，平台本身的特性和优点可以使双向平台网络比双向市场网络发挥更大的作用。比如，人们购买 iPhone 或 iPad 可能是出于对品牌、设计、技术特性和性能的考虑，但也包括对 App 生态系统的考虑。

这与双向市场网络外部性形成了鲜明的对比：产品本身的价值反而排在第二位。试想，如果苹果公司的 App Store 无法提供足够多的 App，那么无论 iphone 设计得多么漂亮，性能如何出色，价格多么低廉，可能也毫无价值。

消费者在双向市场网络中，主要就是购买产品。你不能说，对于消费者来说，天猫这种平台比他们自己想买的产品还重要。

• 形态 8：渐进市场网络外部性。

双向网络外部性的第三个子类别是渐进市场网络外部性：最初的供应端的增长迅速增加了需求端方面的价值，但很快供应端增长所能带来的价值开始减少。

最著名的例子是打车软件。在某种程度上，由于软件减少了用户的等待时间，更多的司机为乘客创造了价值。但当车辆密度超过某一临界点，司机的价值就急剧下降。乘客等待 4 分钟或 8 分钟，这中间是一个巨大的差异，但如果是等待 2 分钟或 4 分钟，乘客可能没有什么明显的感觉——车辆供应增加的价值在 4 分钟左右急剧下降。

由于这个原因，渐进市场比其他市场更容易受到竞争的影响。如果打车软件在某一区域有 1000 名司机，那么竞争对手也可能以一半的司机数量提供类似的服务。

网络知识付费平台也是渐近市场网络外部性的代表。大量的课程的供应量在一开始时,会大幅提升平台为用户创造的价值,但超过某一个临界点,新增课程的价值就会迅速下降——每个人每天可以用于学习的时间总是有限的,再多的课程也无法产生足够的价值。

第三类: 数据网络外部性(形态9)

当一个产品的价值随着数据的增加而增加,同时使用产品也能产生数据时,就会产生数据网络外部性——网络外部性的第三类。通过数据网络,每个用户都能够为中心数据库补充有效的数据。随着数据的不断累积,中心数据库对于每个用户的价值也不断增长。

数据网络外部性对不同商业模式的公司有不同的价值。拥有更多的数据不一定能转化为价值,而且收集更多的有用的数据并不容易,即使一款产品以数据为核心。

数据可以通过不同的方式增加产品价值。如果数据在产品发挥效用的过程中起到至关重要的作用,那么该产品的数据网络外部性就具有非常强大的潜力。如果数据只是存在于产品效用的边际,那么数据网络外部性就并不重要。比如,今日头条向用户推荐一则新闻时,这个算法是基于用户的观看数据的。但这只体现了数据的边缘价值,真正的核心价值在于能即时提供新闻报道,并搜集对新闻有多样化视角解读的评论。对于推送类 App 的公司来说,用户的观看数据仅仅具有边际效应,而没有数据网络外部性。

最具数据网络外部性的 App 是汽车导航 App。使用某一款导航 App 的用户越多，该 App 就会产生越多的数据，这些数据能让该 App 更具价值。特别是在大城市交通高峰期开车时，导航 App 基于用户传递的数据，可以清晰地指出驾车人行驶路线上的堵车点，并重新规划导航，让用户绕开这些堵车点。数据越多，App 的价值越高。

电子商务平台上的评价留言，也具有一定的数据网络外部性，但它们的价值是渐进的。一家店铺或者一款产品的留言往往来自一小部分购买者，而且第 500 条评价对于潜在购买者来说也没有什么价值，大多数人仅仅会关注前几条评价。

为了增加评价的数据网络外部性，部分电子商务平台将评价转化为评分。这样，每个购买者的打分，都会反映在对产品和店铺服务的综合评分上，为潜在购买者提供参考。

百度百科类的平台，也具有渐进性的数据网络外部性。在词条被众多人编辑过并固定下来以后，数据网络外部性的价值趋于平稳。

第四类：技术性能网络外部性（形态 10）

当产品的技术性能随着用户数量的增加而直接提升时，网络就具备了技术性能网络外部性，这是网络外部性的第四类。对于具有技术性能网络外部性的网络而言，网络上的产品或用户越多，基层的技术工作会越好，这会使产品或者服务变得更加好用、便宜和简单。

比如，为了应对文件传输协议<sup>⊖</sup>（FTP）对下载带宽的过度占用导致下载速度随下载的人数增加而快速降低这一弱点，计算机程序员布拉姆·科恩自主开发了一个大名鼎鼎的新协议——BitTorrent<sup>⊜</sup>。基于 BitTorrent 在网上下载文件时，下载者同时也是上传者。也就是说，当你下载一份文件（比如视频文件）时，你的计算机会将已经下载下来的那部分文件同时上传到网上给别人下载。

因此，采用 BitTorrent 下载的用户越多，下载就越快，同时用户越有可能找到稀有的文件或者自己丢失的文件。

类似的例子还有大型软件的改进计划、手机产品的改进计划。当你在计算机上安装一款新的大型软件或者第一次使用一款新手机时，软件界面会请求你加入改善计划，并请你签署一份协议。这就相当于软件公司或者手机公司请求能搜集你的使用数据，从而为它们未来的产品做出改善寻求方向。因此，软件、手机卖得越多，签署改善计划协议的人越多，软件公司、手机公司的技术开发能力提升就越快。

值得注意的是：技术性能网络外部性不同于技术进步，技术优势具有较短的"半衰期"，之后就不再具有很强的壁垒性。如果你是第一个开发出某项技术的人，那么由于创新的速度很快且竞

---

⊖ 允许用户以文件操作的方式（如文件的增、删、改、查、传送等）与另一主机相互通信。

⊜ 此协议可以使下载服务器同时处理多个大体积文件的下载请求，而无须占用大量带宽。

争激烈，这项技术的优势不会持续很长时间——竞争对手有可能抄袭或研发类似的技术。但是有了技术性能网络外部性，你的产品就会因为第一个推出而获得巨大的优势，你不必为保持领先地位而持续战斗。随着时间的推移，你的优势会逐渐增加，而不是减少。

第五类：社会网络外部性

第五类也是最后一类网络外部性，就是社会网络外部性，它们通过心理学以及人与人之间的互动来发生作用。

网络由节点和连接组成。在固定电话系统中，我们很容易就能看到互相连接的实体电话和电线。人与人之间则存在一个看不见的网络，我们的身体是节点，我们彼此之间的语言和行为是连接，这是最初的网络。

像数据网络外部性一样，当更多的人使用某一物品，可以为社会网络外部性创造更多的价值——人们通过影响彼此的想法或感觉来增加彼此的价值。投射到产品上就是，一些用户为更多人提供了使用某款产品的诱因和基本认可，他们对这款产品的依赖会强化其他人对这款产品甚至产品品牌的印象。

社会网络外部性通常是最难应对的"长期壁垒"。然而，如果你能成功地获得各种形式的心理支持来对抗竞争对手，这些心理支持就能形成显著的优势。你可能会觉得："社会网络外部性，不就是品牌效应吗？"你说对了一部分。它们当然有相似之处，因为它们都和语言以及心理有关。但两者之间存在着重要的差异。

目前，我们已经确定了三种主要的社会网络外部性：语言网络外部性、信念网络外部性和跟风网络外部性。这个类型还可以继续扩展，因为人类的心理是复杂的，有很多不同的社会互动关系与机制存在。

• 形态 11：语言网络外部性。

在人际交往中，语言是最重要的中介工具。它是网络中所有节点（人）相互连接的协议。能与更多的人同说一种语言，会给你带来更大的价值，这意味着你能和更多的人交流。因此，某一种语言的用户价值，会因为用户数的增加而增加。

如果同一语言的用户处于不同的国家或者不同的文化背景之下，语言网络外部性的价值就增加得更快。这就是虽然讲英语和讲汉语的人总数差不多，但英语更具网络外部性的原因。

创业公司至少可以通过两种方式，利用语言网络外部性来实现赢家通吃的结果：一是创建业务类型语言，二是用动词的形式来传播品牌。

第一种方式指，如果创始人能够开创一个业务或产品种类（名称），然后作为"首创者"为人们所熟知，这就能够产生稳定的语言网络外部性。比如现在人们提到"大疆"就会想起无人机产品。

利用语言网络外部性的第二种方式是用动词的形式来传播品牌。比如，我们要寻找什么信息的时候，都会说百度一下。在这个方面，动词的作用要好过名词。又如，大家都喜欢说"我微信告诉他"，这对微信来说传播效果可能会更好。如果大家说"我给他发个微信过去"，那效果可能就会差一点，原因是动词往往会直接引发行动，而行动显然会加深记忆。

让人们经常提及你公司的名字，对你而言当然是一种很大的优势，但这也很不容易实现。要做到这一点，你公司的名字必须做到足够吸引人、令人难忘。这正体现了正确命名如此重要。

• 形态 12：信念网络外部性。

信念网络外部性在金融业和宗教中最为明显，这是一种直接的网络外部性。

人类是群居动物，我们作为其中的一员，想要被别人接受，分享共同的信念是其中非常关键的部分。如果一部分人相信某件事，其他人更有可能相信并坚持它。如果你和你朋友的信念发生分歧，就会产生严重的社交后果，如果你不再相信他们所相信的东西，后果可能会更糟。

社会学家的研究表明：人们之所以始终坚持群体思维，原因是当大家觉得矛盾发生时，群体思维能够帮他们做出选择。他们会选择群体最认同的那个想法。

钻石为什么有价值？难道仅仅是因为它漂亮？这个世界上漂亮的东西有很多。从化学的角度来看钻石，它的本质和活性炭并没有什么差别，都是碳原子构成的，但人们一直相信钻石很有价值。

事实上，钻石有价值不过是因为人们相信它有价值。珠宝商发现了它的硬度很高，不易磨损，而且晶莹剔透，因此为它赋予了"恒久""纯洁"的品质。

信念网络外部性就像沙子：沙子数量太少，风一吹就散了；但是如果把足够多的沙子堆在一起，风化的作用可以使它们变成坚硬的石头。

商业社会语境下也是一样的，比如人们坚信银行是每个人都需要的，但大多数银行从来不生产货币，而仅仅是把人们的钱搜集起来，再借给那些证明自己未来某天可以还钱的人。随着对银行产生信任的人越来越多，它们的业务就越来越稳定。曾经的"流动"和"无形"逐渐变成了坚实的信任。

我曾多次提到，公司在经营中最有价值的收获就是建立"超级可信度"，这会帮你建立无可比拟的个人和企业信誉，让你获得信念网络外部性的价值。

• 形态 13：跟风网络外部性。

人们都不想被排除在外，可能迫于社交压力而加入社交网络，这就体现了跟风网络外部性。一个很好的例子与苹果公司有关。在设计界，人们往往认为只有使用苹果公司设备的团队，才是优秀的高水准设计团队。这体现了强大的跟风网络外部性，它常常在早期用户开始聚集时产生。

每年，苹果公司为了将跟风网络外部性发挥到极致，都会用精心编排的发布会，用他们的新产品演示，吸引关注，营造"担心错过"（FOMO）的氛围。这是非常有效的——是否使用 iPhone 和其他苹果公司的设备，俨然已经成了潮流人士判定标准中的一个非常稳固的指标。

对于那些认为自己有更好产品的竞争对手来说，这种跟风网络外部性可能会让它们感到沮丧。苹果公司的成功不仅仅依赖品牌，更源于这家公司成功地触发了大家"向上仰望"的心理动力——"我也想成为很酷的人"。

2017年，三星发布了一则针对苹果公司的广告，意在向消费者传递这样的信息：从"幼稚"的购买习惯中成长起来吧，你们对于苹果公司的依恋已经促使我们生产出更好的产品。但三星没有意识到的是，提供给用户的价值并不只是产品特性的总和，还包括跟风网络外部性。人们将消费苹果公司的产品当成了一种自我展示，消费行为被外化了，消费目的是获得认同和优越感。

作家德里克·西弗斯抓住了跟风心理学的精髓，他说："如果他们行动迅速，他们就赶得上成为某个族群的一员。剩下的人也会跟风加入，因为一旦被抛弃在这个族群之外，他们就会被嘲笑。"

跟风网络外部性是脆弱的，一旦太多的人跟风，早期的加入者就会选择离开——这个团体已经变得太主流了。聪明的管理者，总是会先人一步，从跟风网络外部性转向其他网络外部性，进而保持更为长久的生命力。

## 指数型增长

领英的联合创始人里德·霍夫曼⊖（Reid Hoffman）曾经写过一

---

⊖ 里德·霍夫曼，亦译作雷德·霍夫曼，美国企业家、风险投资家与作家，曾出版《闪电式扩张》。

本著作给数字时代的创业者。在书中,他声称数字时代中的创业就相当于"跳下悬崖,然后在下落过程中组装一架飞机"。如果失败,企业将会"粉身碎骨",如果成功,企业将迎来指数型增长。他提倡,在企业进入快速增长通路的时候,要不惜一切代价,通过融资来补贴用户,让用户数量快速达到指数型增长的拐点。否则,企业所积累的一切优势都将湮灭,并被能这么干的竞争对手超越。

霍夫曼的判断,其实立足于前面介绍的网络外部性。遗憾的是,他并未在自己的著作中指出这一点。如果一家企业的商业模式没有融入任何一种形式的网络外部性,按照霍夫曼的创业思路,这家企业几乎一定会"粉身碎骨"。

2020 年年初,著名咖啡品牌瑞幸咖啡被爆财务造假。在这之前,瑞幸咖啡通过补贴用户,低价提供优质咖啡,在全国迅速扩张,试图利用资本来实现指数型增长战略,却主要因为这套扩张的打法并未包含任何一种网络外部性而面临整体上的亏损。为了掩盖战略上的错误所引发的亏损,保持股价,企业不得不在财务数据上做手脚。这足以证明,当一家企业的商业模式未设计成具有网络外部性时,补贴-快速扩张的打法,并不能给企业带来指数型增长。(后来,瑞幸咖啡意识到了这个问题,开始谨慎布店,踏实经营,提升咖啡质量,一定程度上实现了局面的扭转。)<sup>⊖</sup>

指数型增长必须立足于一种或多种网络外部性。只有这样,当用户规模达到指数型增长拐点的时候,后续的人才会因为网络

———————

⊖ 资料来源:整理自综合媒体报道。

外部性而自动成为企业的用户。即使这时企业停止补贴，用户也会源源不断地加入进来。之后，企业才会开始实现正向盈利。

在出行行业，各打车软件曾经疯狂地补贴平台的司机和乘客。在它们的商业模式中，有非常明显的渐近的双向网络外部性。这意味着，每当一位司机加入平台，就会增加平台的价值，对乘客的叫车需求进行更快响应，这将吸引更多的乘客成为平台的用户。反过来，平台的乘客增加，对司机的吸引力会更强，会吸引更多的司机加入平台。这种双向网络外部性，形成了一个正反馈循环，让平台的用户不断增加。早期，企业需要做到的只是快速吸引足够多的用户，启动这个循环。当用户数达到某一数值之后，后续的用户就会自动快速增加，形成指数型增长。后来，出行行业两家领头企业合并成一家，最终塑造了中国最大的出行软件平台。但它的双向网络外部性是渐近的，因此，仍然给其他竞争对手留下了创新的空间。

数字时代中，数据化的世界会带有某种天生的网络外部性。企业必须在自己的战略和商业模式中设计能应用网络外部性的板块，以求获得指数型增长的机会。如果你不这么做，而竞争对手这么做了，它（它们）将快速吞噬你的市场，直到将你挤到"低利润、强竞争"的泥潭之中。

## 网络外部性是新世代战略价值的卡尺

数字世界中，数据作为经济和企业的主要资产，天生具有网络外部性,如数据网络外部性和技术性能网络外部性。这意味着,就算抛开其他网络外部性,数字经济自身就携带了两种网络外部性基因。如果企业忽视发挥其价值,是极大的损失。

事实上,在战略和商业模式中设计应用网络外部性的板块并不困难,只需要企业管理者注意到这种效应,然后逐步形成网络外部性对应的思维方式。当新的思维方式建立,管理者自然而然就能够时刻考虑到如何应用网络外部性来让企业获益。

不过,有些时候可能你很难在主业务战略的设计中考虑网络外部性。但无论如何,你都可以在设计战略时考虑这种效应,只需你将组织中的某个板块设计成"孵化模式"。比如,对于在成熟或者新市场中的业务开拓项目,你完全可以将其打造成"孵化模式",按区域性或者细分市场,寻找有能力的开拓者。这意味着,每个开拓者的加入,都会增加平台开拓市场的能力和价值。随着市场开拓工作的深入,会出现更多的市场机会,进而吸引更有能力的开拓者加入,从而形成某种程度的网络外部性。

美团外卖和配送骑手、淘宝和卖家、微信和微信公众号主理人、今日头条和创作者、抖音和网络红人、哔哩哔哩和视频上传者、小红书和内容贡献者等,都采取了这样模式,从而形成了网络外部性。

你也可以!

# 重塑数字时代的
# 企业战略

STRATEGIC
THINKING

现在，你已经掌握了在数字时代中制定企业战略的
九大思维，接下来，我在本书的第三部分介绍如
何运用上述思维制定企业战略。数字时代，企业战
略的制定需要考虑的九大要素分别是企业的"使
命、愿景、价值观""核心竞争优势""产品（服务）
战略""营销战略""组织发展战略""战略管理与执
行""基础技术战略""资本战略"和"NP 战略"。

我会在这一部分分别介绍这些要素，并阐述九大思
维如何与九大要素互动，最终形成企业战略。最
后，我还将介绍一个工具，你可以使用这个工具，
用九大思维设计包含九大要素的企业战略，或者
用它来检验企业现有的战略是否符合数字时代的
要求。

# 第五章

# 构成战略飞轮的九大要素与九大思维

## 第一节　企业战略的九大要素

### 企业战略的九大要素构成战略飞轮

影响企业发展的要素有很多，在战略层面上，结合各种繁复的战略理论和实践经验，我认为，九大要素有机地构成了企业的战略体系。这九大要素，构成了促使企业不断前进的动力来源——战略飞轮（如图 5-1 所示）。

战略飞轮抽象程度很高，它所呈现的框架适配数字时代所有企业的战略。企业的战略制定者可以根据这一框架，结合自己企业的现实，将其"还原"成自己企业的战略制定规则。

转动战略飞轮，就会给企业的发展带来动力，它就像汽车、飞机的发动机一样。你可以从任何一个抓手处入手去启动战略飞轮。一开始，推动战略飞轮转动对任何企业来说都是十分困难的，企业必须一边从自己的优势出发（或者弥补劣势），一边弥补劣势（或者增强优势），达成整个体系的完善，这样战略飞轮才能越转越快。一旦战略飞轮高速运转，就会对资源、人才、社会支持、科技因素形成"虹吸效应"，从而让企业走向"大者恒大"的通路。

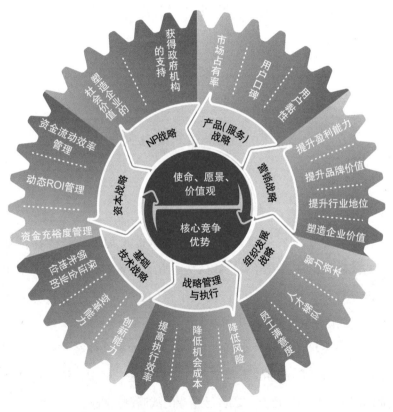

图 5-1　战略飞轮

再强调一次，数字时代，企业战略的制定需要考虑的九大要素分别是企业的"使命、愿景、价值观""核心竞争优势""产品（服务）战略""营销战略""组织发展战略""战略管理与执行""基础技术战略""资本战略"和"NP战略"。其中有五个要素又可以各自分解成三个子要素。这些要素一起构成了企业的整体战略。下面，简要地将这九大要素和它们的子要素——介绍。

## 使命、愿景、价值观是战略的灯塔

一切对企业战略的考量，必须以企业的"使命、愿景、价值观"为起点。对它们的认知，决定了企业想要打造并最终能形成什么样的核心竞争优势。

一家企业的使命，从根本上界定了这家企业为什么存在，满足什么需求，提供什么价值。对这些问题的思考，决定了企业战略意图的扩展边界。任何战略行为，都应围绕着满足企业的使命这一目标而被采纳或者被舍弃。评判战略的优劣，也需要看它能否支撑企业使命的达成。

希腊德尔斐阿波罗神庙石柱上面刻下的"认识你自己"，以神谕的威严来提醒世人，人生的任何企图都需要从"认识自己"出发。找到企业的使命，正是"认识我们⊖自己"之行中先要做到的事情。

这不仅仅是精神和文化层面上的要求。很多研究表明，清晰

---

⊖　这里的"我们"指企业的所有成员。

的企业使命对于绩效达成、团队激励都有巨大的牵引和促进作用。例如，阿里巴巴曾经用清晰的使命"让天下没有难做的生意"指引并激励企业的团队、合作者。约翰·科特⊖（John P.Kotter）以他对企业文化的研究证明，企业文化的内涵与企业所能获得的绩效水平有直接相关性。使命，是企业文化最为核心的内涵。吉姆·柯林斯甚至认为，只要一家企业确立的使命不发生重大变化，其余的要素（愿景、价值观等）都可以根据时代来调整，⊖可见弄清楚一家企业的使命是多么重要的问题。

一家企业的愿景，是描述这家企业在战略终局到来时会变成什么样。愿景是企业长期的发展目标，为战略制定提供时间维度上的终点。企业阶段性的战略，如 5 年或 10 年的发展战略，都需要以企业的愿景为目标。愿景不能太空泛，让人难以理解，同时，也不能用过于简单就能达到的目标来写就。一个优秀的愿景描述，应该能激发团队以及合作者的行动意愿，让企业的利益相关者信服并努力朝着它进发。阿里巴巴曾经梳理出这样的愿景，"活 102年：我们不追求大，不追求强，我们追求成为一家活 102 年的好公司""到 2036 年，服务 20 亿消费者，创造 1 亿就业机会，帮助1000 万家中小企业盈利"。

企业价值观，是关于战略实现路径取舍的判断。它界定了企

---

⊖ 约翰·科特，举世闻名的领导力专家，世界顶级的企业领导与变革领域最权威的代言人，他的核心思想是"领导与变革"。详情请见科特的著作《企业文化与绩效》。

⊖ 柯林斯. 从优秀到卓越 [M]. 俞利军，译. 北京：中信出版社，2006.

业在经营过程中秉持着什么样的价值理念，是对"做什么样的事情是有价值的？""同样的事情怎么做才能有价值？"这两个问题的思考和回答，它确保企业能够"做正确的事"。对于领导力的定义，学者们认为，让企业做正确的事是领导力解决的问题。这意味着，一家企业的价值观，也是领导者领导力的来源。如果企业在达成某种目的时，选择特别关注自己的利益而忽视利益相关者的利益，这样的价值观将无法凝聚团队。反之，如果企业在开展经营时关注自身和利益相关者利益的平衡，甚至将利益相关者（客户、供应商等）的利益摆在自身利益的前面，那么会更能凝聚团队。

企业价值观还涉及对团队成员行为的评价。当一家企业树立了良好的价值观时，团队成员在工作中的行为是否符合这一价值观，将成为对该行为做出评价的终极标准。如果某行为给企业带来了经济上的收益但违背了价值观，企业应该惩罚这种行为而不是奖励；相反，某行为给企业带来了经济上的损失但符合价值观，则应受到奖励。之后，团队成员应对其进行反思，寻找更好的方式，既能实现企业的经济利益，又能满足价值观的要求。不过，如果最后发现无法两全其美，团队成员仍应选择符合价值观的做法而放弃经济利益，这样做才算是真正遵守了价值观。

家得宝（The Home Depot）的创始人、前任 CEO 伯尼·马库斯（Bernie Marcus）有一次在高尔夫球球场遇到另外一家企业的 CEO。这位 CEO 问马库斯："您是家得宝的 CEO 吗？"马库斯回答"是"。

这位 CEO 说："悄悄地告诉您一个秘密，你们企业快倒闭了。"马库斯大吃一惊，因为无论从业务收入看还是股票市场看，此刻的家得宝都如日中天。对方怎么会说家得宝快倒闭了呢？马库斯连忙追问。

对方答："我的一个朋友家里的水龙头坏了，上周去家得宝准备换个新的。他看中了一款售价 200 美元的水龙头，正准备付款购买的时候，你们的一位店员来到他身边，询问他家里的水龙头哪里坏了。"

"他详细说明了家里的水龙头情况。这位店员告诉我的朋友，出现这个问题，原因是水龙头中的一个球阀坏掉了，只需要更换这个球阀就能解决问题，而更换球阀仅仅需要花费 1.5 美元。这位店员还说，如果我的朋友方便的话，他会在下班时间带着球阀去他家里，免费替他换上新的球阀。"

"你的员工丢掉了 200 美元的收入，仅仅成交了 1.5 美元，而且还搭上了他的时间，你们企业难道不是要倒闭了吗？但你别想知道这位店员的名字，我和我的朋友都非常尊重他，不会告诉你他是谁，免得你把他炒鱿鱼。"

马库斯了解到事情的前因后果之后，非但没有生气，反而特别高兴。他坚持询问这位员工的名字，并告诉这位 CEO，他并不准备炒掉这位员工，相反，他准备

奖励并晋升他。因为他的行为符合家得宝的价值观。<sup>○</sup>

后来，家得宝进一步发展，终于成了家装领域的巨头、世界500强企业。据说，此后，这位告诉马库斯家得宝要倒闭的CEO和他的朋友家里的每一次维修与装修工作，都交给了这位只收了1.5美元的店员。马库斯也履行了承诺，这位店员在不久后被晋升为店长。

很多企业管理者有一种倾向，认为"使命、愿景、价值观"这些"务虚"的词语并不能给企业带来更高的绩效。因此，只将其理解为口号，挂在企业的墙上以显示这是一家"有文化的企业"，但从来不要求自己或者员工按照其标准采取行动。甚至，许多企业管理者在认真梳理"使命、愿景、价值观"的具体内容时，也仅仅是使用一些"高大上"但自己都不信的词语。

少数能够认识到"使命、愿景、价值观"的重要性的企业管理者，会认真地梳理出非常具体的内容，但缺乏将这些内容落实到日常经营行为中的愿望和意识。特别地，许多企业高层管理者往往认为，"使命、愿景、价值观"等与企业文化相关的内容不是一线员工能理解得了的，并认为一线员工往往仅关心自己的工资和奖金。因此，管理者往往会疏忽建立相关的制度或举行相关的活动来贯彻企业文化。

事实证明，这些想法大错特错。文化的感召力对任何一个正常的人都起作用。尤其是当企业面对较为困难的处境或者需要发

_____

○ 劳什.家得宝的血橙文化 [M].陈健，译.北京：机械工业出版社，2003.

动变革时，优秀企业文化的感召力，将吸引并鼓舞那些具有相同文化观点的人，让他们乐于付出努力、做出牺牲，为企业的发展暂时放弃个人的利益。优秀的、得到贯彻与执行的、在实际行动中体现的企业文化，最终会打造出"命运共同体"。虽然短期内践行价值观的行为可能会对绩效带来一定的影响，但长期来看，这种做法将毫无疑问地让绩效快速增加。

使命、愿景、价值观，是战略的灯塔，是核心战略优势的基础，管理者必须对其深入研究，积极采取行动，选择合适的工具来梳理、确定并贯彻，使之体现在每位员工的日常行为中。这一观点在任何时代都不过时，即使是充满科技感的数字时代。

## 核心竞争优势是战略行动的目标

很多人对战略行动的目标有巨大的误解。比如，经常有企业管理者问："我们在战略上的投入，多久才能见效？"尤其是那些财务专业出身的企业管理者，倾向于在得到一个准确的投资回报率（ROI）预测值之后，才做出是否投入资源来启动新战略的决策。

然而，真正的战略行动的目标并非 ROI，而是企业的核心竞争优势。战略行动与 ROI 和企业绩效有极大的相关性，这种相关性是建立在一个"中介"之上的。简单来说，战略行动与 ROI 和企业绩效之间的关系应该如图 5-2 所示。

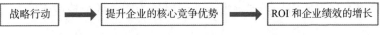

图 5-2　战略行动与 ROI 和企业绩效之间的关系

因此，在面对"多久才能见效？"这类问题的时候，有经验的战略家给出的回答应该是"看情况"。看什么情况？看战略行动要多久才能建立企业的核心竞争优势。在战略上的投入，往往会引起企业绩效发生如下变化。

> 我认为，在新战略实施的前两三年，企业绩效最多维稳或者有减少的趋势。但如果新战略能够提升企业的核心竞争优势，在核心竞争优势发挥作用的时候（一般是在 2～5 年内），企业绩效有可能实现连年翻倍。

至于什么时候能出现翻倍的增长，增长能持续多少年，要看新战略究竟塑造了怎样的核心竞争优势，以及所构建的竞争壁垒如何。核心竞争优势越强大，越能提供客户价值；竞争壁垒越高，企业绩效快速增长的持续时间就越久。

同时，我们应该看到，所谓的核心竞争优势是周期性的。这意味着它早晚会被海量的竞争弱化。为了保证绩效持续增长，企业需要从两个方面进行动态调整。第一个方面，企业要持续优化、提升自己的核心竞争优势，力争始终领先后来者。第二个方面，企业要将核心竞争优势背后的核心竞争力向其他相关领域扩展，开辟新的市场和应用场景。

数字化技术对上述两个方面皆有助力。在持续优化、提升现有核心竞争优势方面，面对相对成熟的市场，效率提升和优化成本是企业战略应关注的主要内容。数字化决策和管理对于优化成本、效率提升具有天然的优势。在企业内外部的操作流程稳定后，管理者可以将流程关键节点数字化，然后利用机器人流程自动化<sup>⊖</sup>（RPA）来完成效率的提升。流程执行效率高了，生产成本势必大幅度降低。同时，效率的提升还可以加速流动资金的周转，帮助企业实现大范围的快速市场扩张。

将核心竞争优势背后的核心竞争力向其他领域扩展，是企业实现第二曲线的最优方法。我们看到，IBM 在由 IT 设备制造商向 IT 咨询服务商转变的过程中，正是利用了自身在计算机、电子通信领域当中所积累的"吸收并运用 IT 知识的能力"。这样的核心竞争力，让众多科技企业坚信 IBM 具有 IT 咨询服务的能力，甚至原本的竞争对手华为，都选择了 IBM 的咨询服务。数字化在这一转变过程中起到了至关重要的作用。

在验证核心竞争力、跨领域转移和转移效果监控上，数字化信息分析、数字化决策都是提升创新效率最大的保障。

但我们也要注意，创新的过程是从混沌中寻找并建立新流程的过程，而数字化手段只能对创新启动之前和当下的相关信息进行分析。所以，在决策时，我们需要根据分析结果来"预测"并获得最符合趋势的战略，而不是单纯依靠对历史情况的分析而否定创新。这需要企业管理者清晰地意识到创新的过程和意义，而不是仅仅依赖数据分析的结果来进行决策。在创新战略的制定上，企业管理者要特别注意这一点。

---

⊖ 指利用软件机器人或智能自动化工具来模拟和自动执行重复性、规律性、高度结构化的业务流程与任务，从而提高工作效率、减少人力成本、降低错误率等。

## 产品（服务）战略

　　构成企业战略的九大要素之一是产品（服务）战略。一家企业在产品（服务）战略上的设想和努力，最终是为了三个市场端的目标：市场占有率、用户口碑、用户黏性。

　　市场占有率一直是企业战略关注的要素。可以说，企业在战略上进行布局和深耕的主要目的，就是希望获得尽可能高的市场占有率。在竞争战略概念盛行的世界里，人们甚至鼓励企业"牺牲眼下的利润"来争取市场占有率。事实上，虽说站在竞争的角度来看，没有利润的市场占有率具有一定的意义，但如果企业关注客户价值创造，没有利润的市场占有率将从根本上变得毫无意义。持续创造价值的活动必然需要新的投入，没有利润的市场占有率不能给企业提供源源不断的创新动力。

　　亚德里安·斯莱沃斯基⊖（Adrian J. Slywotzky）认为，就算在一个充分竞争的环境中，放弃利润的市场占有率也毫无意义。的确，当多方围绕着关键市场进行竞争时，竞争的结果会直接决定企业的生死存亡，因此多方都会倾尽全力开展竞争。在这个过程中，最有实力的企业会兼并"投降者"，最终一般会形成两大巨头联盟竞争的格局。放弃利润意味着资本实力雄厚的一方会获胜，但这种竞争并不能创造任何价值。消费者或者用户也许在多方激烈竞争时期能以较低的价格来购买产品和服务。一旦竞争结束，

---

⊖　亚德里安·斯莱沃斯基，美世咨询公司前任副总裁、美国知名咨询顾问，著名的畅销书作家。他经常为《华尔街日报》和《哈佛商业评论》撰文，也是世界经济论坛的知名演讲嘉宾。

势必形成垄断的局面。

放弃利润的市场占有率，唯有在企业的战略和商业模式具有网络外部性时，才有巨大的价值。

用户口碑是数字时代企业必须关注的要素。好的口碑未必能给企业带来业绩的快速提升，但差的口碑一定会摧毁企业所有的努力。用户口碑对于企业的产品和服务的品牌建立至关重要。如果我们简单地将品牌分为行业品牌和消费者品牌，那么行业品牌的扩散呈现的是"逆流而上"的状态，消费者品牌则呈现"顺流而下"的状态。如果某企业是某行业价值链上重要的供应商，且企业的产品和服务是影响行业价值链其他企业成败的关键因素，出于商业秘密和保持竞争优势的原因，下游客户未必会主动帮企业扩散口碑。如果企业提供的产品和服务隶属消费者品牌，直接面向终端消费者，产品和服务性价比又很高，口碑则会快速扩散。毕竟，消费者没有任何保密的需求。

面对这样的情况，无论是拥有行业品牌的企业还是拥有消费者品牌的企业，在用户口碑的扩散上，都要尽可能地采用数字化的方式。将行业用户使用企业的产品和服务所产生的数据记录下来，据此形成营销人员开发新客户的工具，会助力行业品牌"逆流而上"；将消费者对某产品和服务的好评与使用效果信息数据留存，形成营销工具，更能让口碑快速扩散。

当然，最重要的是企业一定要快速解决差评所反映的问题。2023 年，一盒冰激凌差一点毁掉了一个百年汽车品牌在中国市场的声誉。数字时代，自媒体、短视频平台会快速传播具有情绪煽动性的差评。如果企业不特别关注自身产品和服务的差评，可能会在极短的时间里蒙受重大的损失。

对于产品（服务）战略，企业管理者需要关注的第三个要素就是用户黏性。可以这么说，一切产品（服务）战略的最终目的就是"让所有目标客户产生持续消费的黏性"。用户黏性可以说是前两个要素创造价值的基础。如果企业想要追求有利润的市场占有率和用户口碑，用户黏性是基础。只有当用户持续不断地重复购买企业的产品和服务，企业才能获得有利润的市场占有率。用户口碑的建立，需要相当漫长的时间，用户没有义务专门推荐企业的产品和服务，但如果你的产品和服务有强大的用户黏性，就会有机会在相当漫长的时间里获得用户的推荐。

这三个要素是产品（服务）战略的核心目标，它们互为基础和结果，对企业战略具有巨大的影响。

## 营销战略

企业战略另一大需要关注的要素是营销战略。营销很多人并不陌生，但能深入研究其内涵的人并不多。"营销"对应的英文是"Sales and Marketing"，由两个单词组成，这就避免了混淆。中文的"营销"是一个词，这给我们带来了很大的困扰。为了更准确地理解营销战略，我们需要在这里将营销分开来看待。对于营销工作来说，人们在"营"上面投入时间、精力的比例应该超过80%——"销"仅仅是执行优秀的"营"的计划带来的成果。

"营"，意味着在"销"发生之前的所有铺垫和努力，包括按照市场需求来打造产品和服务，为产品和服务的创新点做好市场教育的工作，确定客户定位，为产品和服务定价，确定广告投入方案和常规性的市场推广事件，确定产品和服务与用户见面的"场"，确定用户引流方案等。甚至，如果企业所打造的产品具有相当的专业性，在营销战略上，企业应该将市场教育前置。比如，很多半导体企业，如制造单片机、现场可编程门阵列（FPGA）等产品的企业，为了市场上的布局，会赞助大学电子工程系的实验室，从大学生开始培养自己未来的潜在客户。

"销"，仅仅涉及销售管理制度、目标市场划分制度、定价执行、收款、交货等执行层面上的管理行为。

如果你接受这种区分方法，就会发现很多企业把"营销"当成"销售"来管理是错误的，这种观念需要被纠正。

营销战略所追求的核心结果有四个，分别是提升盈利能力、提升品牌价值、提升行业地位、塑造企业价值。

### 1. 提升盈利能力

企业运用营销战略希望得到的最直接的收获当然是提升盈利能力。企业精心打造了优秀的产品和服务，当然希望更多的目标客户了解它们，购买它们，使用它们。营销战略最重要的目标莫过于将合适的产品在合适的时间、合适的地方提供给合适的人。这自然而然就会带来企业盈利能力的提升。

事实上，很多企业会因为受到广告商的鼓动，忽视营销战略以及营销活动的直接成果：提升盈利能力。我们看到，在国内市场经济萌发的早期，很多企业将绝大多数利润贡献给了广告媒体，同时，为了市场占有率和品牌知名度，拼命地补贴用户。这意味着，这类企业根本没有深入了解营销的意义，更遑论制定优秀的营销战略了。它们简单粗暴的做法进入了"打广告－销售来－广告停－销售无"的恶性循环，若再遇到虎视眈眈的竞争对手，企业只能直接关门。

营销战略应包括对产品和服务的重塑。如果意识到这一点，企业管理者就能知道，当企业为某一产品和服务投入大量的销售费用，但不能从市场中获得足够的能让产品和服务持续开展市场推广与迭代升级的利润时，意味着此产品和服务的生命周期已经接近尾声了。此刻，营销战略的重中之重应该是根据从市场中获得的信息，重塑产品和服务，更好地满足客户的需求，而不是靠广告来卖出原有的产品和服务，除非有大量的相关库存要清仓。

真正优秀的营销战略应该是一整套关于产品、价格、推广、渠道（涉及经典的营销 4P 理论）的系统性规划，其目的是获得合理的利润，以维持企业其他战略要素的投入和运作。

### 2. 提升品牌价值

品牌价值作为一种虚拟价值，是很多企业所追求的。品牌价值，不仅仅是追求溢价的核心要素，更是产品和服务的企业保障。此外，品牌价值有广泛的潜在意义。例如，高品牌价值会给企业价值的增长助力，高品牌价值可以确保企业在陷入困境时仍然可以留存客户认知价值，品牌价值意味着行业地位、获得利益相关者支持的能力。同时，企业应该注意到，品牌价值有财务性价值，更有非财务性价值。

我们可以把品牌价值分为三档。第一档，品牌价值是优秀产品和服务的保障。很多品牌营销机构认为，一家企业在品牌宣传上投入得越多，就会越在意自己的品牌资产。这等于向客户做出了一个承诺：如果这家企业做出了损害客户的行为，就会影响品牌资产，得不偿失。但事实上，我们看到一些企业做出了损害客户的行为，也没有对其品牌资产造成巨大的负面影响。一些企业，宁愿支付巨额费用来掩盖自己的失误给客户造成的损失，也不愿意对客户做出赔偿。原因是它们担心，一旦对客户做出赔偿，就意味着承认了品牌的瑕疵。实际上，客户并不会因为诚实的品牌有了瑕疵就放弃它，反而会支持有瑕疵但诚实的品牌，以下的案例就是佐证。

## 强生公司的危机公关

强生公司从诞生的那一天起，就定下了自己的信条：为消费者带来价值。强生公司生产的泰乐诺胶囊是一种止痛效果不错的药，1981 年销售额就有 43.5 亿美元，占公司总销售额的 7%，其利润占总利润的 17%。

1982 年 9 月，一位名叫亚当·杰努斯的患者服用了一粒泰乐诺胶囊后，于当天死亡。两天后，一对服用了泰乐诺胶囊的夫妇，在两天后死亡。该消息迅速传遍了美国，公众哗然，泰乐诺胶囊在止痛药市场的份额一度从35.3%下跌到不足7%，危及公司的生存。

强生公司作为医药和婴儿用品的生产巨头，是一家有自己的信条而且对危机处理训练有素的公司。强生公司决定，把这次危机的处理工作提上公司的一级议事日程。它采取了以下一系列处理措施。

第一，迅速收集了有关受害者和涉案泰乐诺胶囊的批号、零售点、生产日期以及它们在分销网中经过的渠道等信息。

第二，不计成本，立即通知全国的药店和超市下架泰乐诺胶囊，并告知公众在事情还未弄清前，绝不要购买泰乐诺胶囊。

第三，为了查明事件真相，强生公司动用了100名联邦调查局和伊利诺伊州的侦探，请他们追查事件。侦探们追查了逾2000条线索，研究了57份有关报告。

第四，针对媒体，强生公司采取全面透明和开放的策略。一向保持低姿态的强生公司向各大媒体求助，希望它们提供最准确、及时的信息，并帮助阻止恐慌的蔓延。

在此期间，强生公司的广告宣传一律暂停，总共收回泰乐诺胶囊共3100万瓶，总价值超过1亿美元。强生公司通过发给医生、医院、商家的50万份电报和对媒体的声明，向消费者承诺，"将以新生产的泰乐诺药片换回胶囊"。

之后的调查显示，强生公司在此次事件中并没有任何责任。美国国家食品药品管理局找到了有人投毒的证据。

之后，强生公司采取了一系列恢复名誉的措施：公司在电视广告中承诺它将尽其所能地为消费者服务，还让开发泰乐诺的实验室的药学博士向公众宣示，"泰乐诺深蒙药界同行和1亿名美国人民的信任，已历经20载，我们珍视这份信任，不允许任何对它的伤害"。

后来，强生公司开发出泰乐诺药片，用以替代原来的泰乐诺胶囊，因为药片不容易被人做手脚。为挽回给消费者造成的损失，那些在毒害事件发生后把家中的泰乐诺胶囊扔掉的消费者，只要打一通免费电话，就可以得到一张面值2.5美元的赠券——这相当于得到一瓶免费的药。

强生公司还设计出一款防破坏包装，杜绝类似事件的再次发生。新的包装使每瓶药的成本增加了2.4美分，但强生公司希望它能逐渐增强消费者对产品安全性的信心，公司甚至还向零售商提供了超常的折扣——高达订货额的25%。

毒害事件发生后，泰乐诺胶囊在止痛药市场的份额一度由35.3%急降至不足7%，然而，成功的危机处理策略很快使强生公司东山再起，重拾消费者信心。

中国有句俗话说得好，"不打不相识"，意思是两个人如果不正式较量一下，很难成为知心好友。同理，一个品牌如果不曾出现瑕疵，不曾经历过消费者的质疑，它也很难成为优秀的品牌。

品牌价值的第二档是完成客户任务。这一点我们在"客户任务思维"相关章节中有详细的说明。当企业的产品和服务是客户完成他要完成的任务的最佳工具时，他会充分地信赖企业，承认企业的品牌价值。

品牌价值的第三档是品牌价值观。例如，苹果公司的粉丝级核心客户会连夜排队购买最新款的 iPhone。他们不能等一等吗？乔布斯赋予苹果公司的丰沛的品牌价值观，对粉丝级核心客户产生了巨大的吸引力。

年轻人为什么愿意购买知名品牌并支付品牌溢价？实际上也是为了借助知名品牌的价值观来表达自己是什么样的人。

### 3. 提升行业地位

一般在一个行业中会存在诸多企业，具有品牌的企业会成为领头羊。品牌可以帮助企业在客户心智中建立新认知以及阻碍其他企业进入的壁垒。这意味着，品牌可以让拥有它的企业获得行业的支配地位。

在数字时代共赢博弈的商业逻辑下，获得"头把交椅"的企业，更容易发起共赢博弈，并成为这一博弈中的主导企业。

### 4. 塑造企业价值

优秀的营销战略的规划和实施，能打造极强的品牌价值，从而直接塑造企业价值。企业价值其实不仅仅表现为资本市场中的估值，虽然这是目前企业价值直接变现的唯一依据。实际上，企业价值有多元化的内涵。比如，企业具有创新价值、社会价值、技术价值和政治经济价值。当一家企业拥有多个知名品牌时，它会成为人们瞩目的焦点，这会促进其多元化价值的提升。

数字时代中，企业价值需要全新的衡量手段，不能用两百多年从未改变过的金融逻辑来衡量这一时代的企业价值。很多企业一开始并没有金融价值，它们不盈利、缺少固定资产、现金流匮乏，按照金融逻辑，这样的企业毫无价值。但就是在这样的企业中，诞生了腾讯、阿里巴巴、谷歌、Facebook、辉瑞、孟山都、3M、思科、苹果公司、微软等目前市值排在全球前列的企业。

用一成不变的金融逻辑来衡量企业价值遇到了重大的瓶颈。投资家要建立多维度的企业价值评价机制，才不至于错过巨大的机会。多维度一定要包括更多的"不可见因素"，如品牌价值、专利价值、技术前景价值、智力资本价值、生态价值等。

优秀的营销战略，能全方位地提升上述价值。

## 组织发展战略

事关企业战略的另一大要素是"组织发展战略"。任何战略的实施都需要两大核心要素的支持，一是企业资本投入的能力，二是组织承接战略的能力。在数字时代，资本相对过剩。原因是需要大规模资源性投资的行业越来越少，而需要大规模智力投资的行业越来越多。因此，组织能力的重要性在当下以及未来会远远超过企业资本运作的能力。这意味着，如果一家企业有优秀的战略规划和将其落地执行的强大组织，资本或将不再形成阻碍企业发展的瓶颈。

组织发展战略是培养强大组织的核心，同时，它将对企业战略的制定和落地起到关键的促进或制约的作用。组织是企业的"发动机"，如果企业管理者制定了极富抱负的战略规划，则需要组织这台"发动机"为战略执行贡献源源不断的动力，促进战略落地实施。反过来，如果"发动机"动力不足，将对企业的战略起到制约作用。

组织发展战略至少应该面向三大目标：智力资本、人才梯队、员工满意度。

智力资本是组织最有价值的部分。为了打造有价值的智力资本，企业需要对组织成员的成长进行投入，使其智力价值增加并为企业所用，转变成企业绩效。因此，现在很多企业乐于建设学习型组织。

打造智力资本的过程，需要遵循以下工作步骤。

首先，组织发展战略的规划和执行要考虑解除组织防卫现象。如前所述，阿吉里斯认为，任何组织都有组织防卫现象，其表现形式为组织不接受任何形式的外部改变，任何新的规划都会被组织明里暗里地抵制，原因是组织成员将任何变动都看成困难和威胁。

其次，当组织成员能意识到改变的必要性并产生改变的意愿时，才可以建立有效的学习型组织。建立学习型组织的方法很多，比如可以建立企业大学，可以请外部顾问参与战略项目，在过程中吸收并转化顾问的能力，还可以为愿意参与商学院学习的人提供资金或资源支持等。学习型组织的打造，实际上是企业对智力资本的投资。

再次，企业要着手运用增长的智力资本来开拓市场，将其转化为企业的绩效价值。在这个过程中，企业管理者需要跟随以野中郁次郎为代表的学者梳理出来的与"如何运用员工的智慧？"等相关的步骤和理论，结合实际情况，激发员工在工作中使用新技能或者开展创新。当然，在这个过程中，需要组织发展战略对创新活动进行管理，以便最终寻找到创新与稳定获利之间的平衡。

最后，构建优秀的组织发展战略以确保上述步骤是"螺旋上升"的形式，持续地增加组织的智力资本。

人才梯队也是组织发展战略的目标之一。多项研究证明，即便企业能打造出卓越的学习型组织，也可能无法满足自身在长战略周期里持续发展对人才的需求。员工的年纪、基础教育水平、个人抱负水平各不相同，如果企业战略对人通过学习所取得的进步水平要求很高，可能无法通过学习型组织来满足人才梯队的要求。但战略的执行是不能等的，任何战略都有"大概率成功窗口期"。过了这个时间窗口，战略目标就可能永远无法实现。因此，优秀的组织发展战略必须考虑如何从企业内部和外部选拔、培养出优秀的人才梯队。

需要注意的是，组织发展战略所围绕的核心目标是员工满意度。员工满意度不但是评价组织发展战略"人本主义"程度的指标，还会对企业吸引人才，建立人才梯队以及智力资本增值产生巨大的影响。组织围绕人来建立，组织架构跟随战略，但若是没有"人"作为"内容物"填充进去并发挥价值，组织架构也仅仅是单纯的"骨架"，发挥不出支持战略落地的作用。所以，组织发展战略的核心是对员工满意度的追求而非固定并僵化架构。事实上，在数字时代中，组织架构的概念正在被快速弱化。丹娜·左哈尔<sup>⊖</sup>（Danah Zohar）所提倡的、量子领导者们期待的组织是非常扁平的，是自组织的。海尔的"人单合一"模式，大量参考了丹娜的理论。组织架构的扁平化和自组织等新特性的出现，正是为了追求对智力资本的投入和挖掘、对人才梯队的全方位打造以及提高员工满意度。

总而言之，数字时代中的企业需要重新认识组织，更需要持续更新的组织发展战略（持续更新才能起到对高度不确定性战略的支撑作用）。

## 战略管理与执行

"战略管理与执行"是确保企业能基于优秀的战略落地实施持续获得收益的重要保障。查尔斯·汉迪指出，企业的持续增长遵循"增长曲线"模式。虽然汉迪特别强调的是第二、第三曲线，但作为管理者，你绝不能忽视在每条曲线中，企业可以相对持续、

---

⊖　丹娜·左哈尔，"量子管理"奠基人，被称为融合东西方智慧的当代思想家，更被《金融时报》誉为"当今世界最伟大的管理思想家"。她在麻省理工学院获得物理和哲学学位，此后在哈佛大学获得哲学、宗教及心理学硕士与博士学历，并将量子物理学引入人类意识、心理学和组织领域。

稳定获利的阶段。

如果将增长曲线拉长来看，你就会发现在任何一条曲线中都有一个相对平稳的持续增长阶段（如图 5-3 所示）。

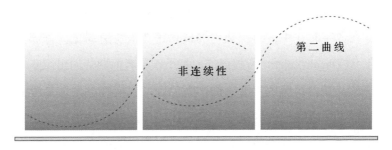

图 5-3　增长曲线中的持续增长阶段

人们更容易对创新保持激情。能够成功创新的商业领袖也会受到年轻人的追捧，如史蒂夫·乔布斯和埃隆·马斯克。但如果仔细思考来自企业端的创新，你必须了解，任何一项创新活动若想被定义为成功的，就必须为企业贡献一个相当长的平稳的持续增长阶段。从企业经营的视角来看，创新的意义就在于创造无数新的持续增长。只有当一项创新活动的产物能给企业带来持续增长，它才能被称为阶段性的成功。短暂的领先优势总会迅速被对手超越，就算创新的源头在某家企业，也不能说明这家企业足够成功。如果创新活动一直不能给某家企业带来持续增长，反而被其他企业利用，对该企业及其行为更精准的评价往往会是"为他人作嫁衣"。

那么，企业该如何确保自己持续的创新活动，最终给自身带来一段相当长时期的平稳的持续增长呢？一方面，从竞争战略的角度来看，在开展创新活动时，企业就应该在战略上构建护城河；另一方面，从执行的角度来看，企业需要不断地优化战略执行管理并提升执行效率。

简单来说，在寻找新增长曲线的创新活动中，企业要创流程；在保持增长的阶段，企业需要按照有效流程提升效率。只有让竞争对手追不上自己的脚步，企业才能获得持续的战略优势。

企业创新与基础科学创新的区别也在这里。后者无须关注资金上的收益，而企业作为经济发展的主要载体，必须思考资金上的收益。如果一家企业陷入频繁创新的混沌之中，就会陷入熵增和混乱的状态。必要的战略管理与执行优化，会给企业带来新的秩序。

因此，战略管理与执行是每家企业必须掌握的部分，也是战略飞轮的重要抓手。相关工作有三个主要目的：降低风险、降低机会成本、提高执行效率。

一家成功的企业从开始建立到逐渐成熟，具有完整的生命周期。你可以参考伊查克·爱迪思<sup>⊖</sup>（Ichak Adizes）的企业生命周期理论来理解（如图 5-4 所示）。

企业在创立早期，势必要通过创新活动为客户和目标市场提供某一极具价值的产品或服务，才能打开局面，否则企业就会沦

---

⊖　伊查克·爱迪思，全球最有影响力的管理学家之一，美国当代著名的管理学思想家、教育家，企业生命周期理论的创立者，组织健康学的创始人，组织变革和治疗专家。他是加利福尼亚大学洛杉矶分校的终身教授，斯坦福大学、特拉维夫大学和位于耶路撒冷的希伯来大学的客座教授。

为孕育期的"创业空想"。在度过孕育期后，企业将通过增加行政管理来确保经过市场验证的内部流程高效执行，如此，才能进入稳定期。在孕育期到稳定期之间的阶段中，企业将面临巨大的风险，如遭遇婴儿期的"夭折"（商业模式未经全面市场验证）、学步期的"创业者陷阱或家族陷阱"（创业者或家族自我膨胀）、青春期的"分道扬镳"（创始团队分崩离析）。很多创新企业会因为业绩暴增导致的管理失速、竞争加剧、盲目扩张等问题而夭折。为了降低这类风险，企业需要建立战略管理与执行体系。

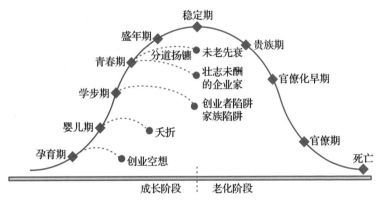

图 5-4　伊查克·爱迪思的企业生命周期

当人们思考成本时，一般会更多地关注投资上的损失。事实上，成本是一个由三个要素构成的系统：资金成本、时间成本和机会成本。在这三个成本要素中，最易让人懊恼的并非资金成本，而是时间成本和机会成本。其中，机会成本往往会带来最大的损失。所谓机会成本，就是你如果用自己的投资和时间选择事件 A，那实际上你所承担的成本是把同样的投资和时间用在事件 A 以外的任何其他一个事件上所获得的最大收益——你可能获得的最大收益就是你选择事件 A 的机会成本。

机会成本无法在短期内被评估。比如，20 年前，你面对两个选择，一是投资 50 万元开一家餐厅，二是把 50 万元作为投资款投给一家叫阿里巴巴的企业。最终，你选择了前者，放弃了投资阿里巴巴的机会。当时你是无法评估自己所承担的机会成本的，只有在 20 年后阿里巴巴成为一家电子商务巨头企业时，你评估自己当初可能获得的股份比例并与如今阿里巴巴的市值比价，才会知道自己错过了什么。

为了降低机会成本，让自己的创新活动和投资行为更有效，你必须对自己的企业进行战略管理并提升执行效率。按照上面的例子来看，如果你为自己 20 年前投资的餐厅进行了优秀的战略管理并提升了执行效率，说不定这家餐厅变成了可与麦当劳一较高下的存在，那么你当初的选择的机会成本就会大大降低。

当然，用于战略管理与执行工作的资源所带来的最大好处是执行效率的提升。企业只有进入稳定期并保持高效运转，才能在生命周期中获得最大的收益，从而才能将更多的收益投资于打造第二曲线的战略活动。

数字化会为企业提供更多的手段来优化战略管理与执行工作。相对于创新来说，执行工作显得枯燥乏味，毫无乐趣。如果用数字智能替代人类从事这一阶段的工作，解放人类的劳动时间，将会带来巨大的好处，并可以从侧面来支持智力资本的增值。阿吉里斯认为，让人来从事枯燥乏味的重复性工作，实际上是组织防卫现象产生的主要原因。数字化、智能化会大大改善这一状况。

## 基础技术战略

企业发展所涉及的技术可以分为两大类，一是产品和服务蕴含的应用技术，二是承载企业经营宏观环境的基础技术。比如，某家企业的主营业务是汽车的生产和制造，那么其应用技术战略就应是不断完善汽车的性能和配置，并降低成本；基础技术战略则应是有关人工智能工厂、互联网的技术战略。

之所以在战略飞轮中强调基础技术战略，原因是企业天生就会关注所在领域内的应用技术，这是企业赖以生存的基础。但管理者往往会忽视基础技术，尽管基础技术的改变将带来商业范式的转变，动摇企业存在的基础。比如，当出行方面由马车范式切换到汽车范式时，任由管理者采取更多、更好的应用技术打造出更加完美的马车，也阻挡不了企业乃至行业的衰败。

基础技术战略所关注的目标是为企业打造两种能力（一是创新能力，二是变革能力），并保证企业的领先地位。

简要来说，基础技术战略要求企业管理者思考这样一个问题：某项新兴技术将会对企业的经营环境造成什么影响？举例来说，如果你是一家零售商或者出版企业的管理者，当互联网技术出现时，如果你能及时发现它将会给你们的经营环境带来的巨大影响，并提前将新兴技术融入企业战略中，那么你们很可能成为第一批构建新零售模式或者出版电子出版物的企业。这会让你们获得整个互联网时代的先机，并且锻炼出强大的创新能力和变革能力。

数字时代，新兴技术层出不穷，值得关注的有物联网技术、人工智能技术和元宇宙技术等。这些技术都会引起商业范式基础性的变化，企业管理者需要参考基础技术的变迁，并适时地融入自己的商业构想和战略。

随着数字化的不断深入，能影响商业基础环境的新兴技术将越来越多。只有能洞察基础技术对商业的巨大影响的企业，才能获得持续增长的动力。就像未来学家凯文·凯利所说的那样，你不但要明确自己想要什么样的科技，更要知道"科技想要什么？"。<sup>⊖</sup>

## 资本战略

很多管理者常常会抱怨企业资金匮乏，不足以应付各种意外并支撑战略落地执行。但同样是这些人，在制定战略执行计划时，往往并不会对所需资金进行规划。这是对企业资本战略缺乏深刻认知的表现。

资本投入的能力和组织承接战略的能力是优秀的战略落地执行所必需的。鉴于一项战略于执行阶段时所处的环境和制定战略时的环境可能发生巨大的变化，战略在执行的过程中可能会发生重大调整来适应环境的变化趋势。这需要在资本投入和组织规划方面预留一些冗余度，以支持适时的调整。

成熟企业之所以在寻找第二曲线的战略变革中困难重重，是

---

⊖ 凯利.科技想要什么[M].熊祥,译.北京：中信出版社,2011.

因为成熟企业希望以预算管理模式来管理新战略落地执行涉及的资金投入和产出。虽然在实现第一曲线时，企业并没有能够这么做（企业管理者往往认为这是错误的表现）。预算管理模式是经过验证的、有效的管理模式，只不过它仅适用于成熟的业务（管理者会认为这是企业的进步）。很多管理者并未意识到，当需要根据情况调整时，精细的预算管理反而会变成创新的阻碍。

从这点来看，资本战略与预算管理并不能混为一谈。从资本战略所追求的目的来看，我们也可以梳理出三点，分别是：资金流动效率管理、动态 ROI 管理、资金充裕度管理。

财务上大致可以将资金分为流动资金和固定投入资金。流动资金像流淌在"血管中的血液"，将"氧气和其他养料"供给各个器官；固定投入资金更像"心脏"本身所需要的"血液供应"（心脏负责为其他器官输送血液，也需要血液提供养料来源维持自身的运转）。

资本战略追求的是流动资金的高周转率。一方面，这需要企业建立良好的资金流动渠道，也就是富有弹性、不堵塞的"血管"；另一方面，需要企业确保有一颗供血充足的健康"心脏"。如何平衡这两方面的需求，是资本战略需要特别关注的。很多在大企业开展的创新活动，往往因为资金投入的匮乏而遭遇失败。创新活动的资金需求更像目前尚且弱小的"心脏"本身的资金需求。它应该被归属为固定投入资金而不是流动资金。这颗"心脏"可能会快速成长、壮大，但也可能需要更多的时间来发育。你必须对它的成长抱有耐心，并允许它在成长的过程中，按照自己的方式来建立资金分配"血管"。只有这样，才能更好地确保未来的流动资金有高周转率。

对于成熟业务，资本战略更关注的是"血管"布局的合理性和通畅性。只有根据成熟业务的稳定流程以及外部市场的变化趋势来对"血管"布局进行优化，并且确保"血液"流动通畅，资金的周转率才会提高。营销、供应链优化是提升资金周转率的重要手段，你可以依据相关部门的工作来优化"血管"布局。其中，财务部门也应紧密配合，以求建立企业业财融合的体系，这是确保"血管"通畅的必要条件。

有人认为，当企业开展创新活动时，不能考量新项目的 ROI，并举例说明过分关注新项目的 ROI 会致使管理层抛弃新项目。

克莱顿·克里斯坦森教授曾经举例说，对于一家年销售收入 10 亿美元的企业来说，一个刚刚开展一两年的新项目在市场上获得了 300 万美元的销售收入，实在是一件不起眼的事情。财报可能根本无法体现 300 万美元这么小的数值。特别是当这项收入源于 3000 万美元的前期投入时，对于任何一个 CEO 来说，这都是一笔亏本的买卖。为了给关注 ROI 的董事会一个交代，CEO 决定在新一年的战略安排中裁掉这笔亏本的买卖。

被裁员的人带着项目的早期经验，决定自己开一家企业继续干这件事情。3 年以后，他们成立的企业成了原企业的掘墓人。

　　克莱顿教授所说的现象，在商业界几乎到处可见。柯达、诺基亚、英特尔、微软、摩托罗拉……你可以列出一长串企业，它们都因对 ROI 的过分关注，错失过巨大的战略机遇。

　　但如果企业不关注新项目的 ROI，只单方面给予足够的资金投入和无限期的时间，就会让创新活动陷入混沌之中。企业主导的创新与政府机构和学术机构主导的创新具有本质上的不同。企业主导的创新应该围绕技术层面展开工作，而政府机构和学术机构主导的创新才是科学层面上的创新，这两者是不同的。既然企业需要围绕技术层面展开创新工作，企业就必须为新兴技术找到落地应用的最佳场景，并为该场景提供解决方案。动态 ROI 管理，是确保技术创新成为有效支撑企业新增长曲线的、未来的主流业务的手段。如果完全放弃动态 ROI 管理，企业的创新活动就会失去其被期待有的价值，陷入熵增的混沌之中。

　　创新活动需要容忍一定的混乱局面。蒂姆·哈福德⊖（Tim Harford）认为，混乱是创意和创新产生的土壤。⊜过分追求秩序，只会扰乱创新。但如果任由创新所需要的混乱持续恶化，就会严重影响成果的产生。一定程度的混乱，是创新活动最适宜的土壤和环境。"一定程度"该怎么把握，是个世界级难题。企业管理者既不能过分干预创新活动的过程（否则企业就会被自己认为没出息的项目送进"坟墓"），又不能听之任之，浪费企业有限的资金。

---

实际上，我认为对于资本战略，对 ROI 进行动态管理和约束，可以帮助企业管理者确定这所谓的"一定程度"到底是什么程度。不过，我们需要对创新活动的 ROI 进行一次重新定义，而不是仅仅考虑其财务上的、数字的、定量的含义。

创新活动的动态 ROI 管理所考虑的还是投入产出比，只不过，我们可以将投入和产出的概念在财务指标的意义上进行扩展。"投入"，可以理解为一切为创新活动的顺利开展所投入的资源，包括但不限于资金、人员、制度、流程、学习机会、市场预测。有些资源是资金无法带来的，比如成熟企业允许创新团队自己来设计管理制度和流程制度，或者创新团队自己能从市场中和技术层面上积极学习，形成智力资本，这都是无法通过单纯的资金投入得到的。同时，我们要相应地扩大"产出"概念的外延，而不仅仅将其认为是资金上、财务上的收获。新"产出"概念应该包括但不限于技术探索智力价值、基础技术工作价值、专利价值、技术预期市场价值、人员成长价值、战略价值等。

资本战略需要将新的 ROI 概念引入动态 ROI 管理中，区分成熟业务和创新业务的 ROI，前者需要追求财务指标，后者需要考虑更全面的内涵。当一项创新业务走向成熟时，它的动态 ROI 管理就要被纳入重点考察的财务指标的范围中。

资本战略追求的第三个目的是资金充裕度。关于"是不是资金越多越有利于企业创新？"这一问题的争论，自始至终，不绝于耳。事实上，研究证明，并非资金越充裕就越有利于创新，这同时意味着资金少未必不能创新。但也不能认为创新不需要任何投入。战略层面的思考立足于平衡多方矛盾，战略大师都是平衡大师。资本战略规划的目标是达到资金充裕度的平衡状态。

德鲁克曾经对一家企业对利润的追求有精准的描述。他认为，一家企业所获得的利润应该是"能够为全体员工提供有竞争力的薪酬，能够为股东创造合理的投资回报，并能够为企业的进一步发展提供必要的资金投入"。在德鲁克心目中，以上三项支出和企业获利保持平衡是最健康的状态。过分追求利润，会影响企业的社会评价以及团队成员的价值观；不能获得足够的利润，则会影响企业的进一步发展。⊖

资本战略对资金充裕度的考量也应至少满足上述要求。这意味着主导资本战略的管理者既不能为了获取资金而付出大量的融资成本、股权成本，又要能适时了解企业的资金需求，并合理分配资金，不能让资金出现匮乏的状态。此外，如果企业设计了具有网络外部性的战略，当用户规模达到或超过增长拐点后，资本战略应要求为后续的快速扩张准备极其充裕的资金。这都是要在资本战略层面上关注并予以考量的。

数字化会支持资本战略的制定和顺利执行。资本战略只有既关注财务数字指标，又关心业务战略支撑，才能达成它被设计出来的目的。数字化能够更充分地帮助企业建立业财融合的体系和考虑了新 ROI 概念的"全面预算管理体系"，为资本战略提供重要支撑。

---

⊖ 德鲁克.管理的实践 [M]. 齐若兰，译.北京：机械工业出版社，2006.

## NP 战略

NP 战略这一非营利性战略的名称源于非营利组织[一]（Non-Profit Organization，NPO）。很多企业管理者天然地认为，企业之所以存在，就是为了追求利润。为什么企业的战略中要考虑对非营利性战略的规划？

事实上，无论是德鲁克对企业追求利润的建议还是社会学家、经济学家、政治学家的思考，都指出，企业必须考虑其非营利性的社会功能，才能获得多方利益相关者的支持，从而获得良好的发展机遇。

社会学者郑永年教授指出，美国的体制下适合发展自由市场；而在中国，市场经济其实是"制内市场"。所谓"制内市场"，是指市场需要为制度服务，受制度约束和鼓励，而非完全放任。[二]事实上，就算是美国体制下的自由市场，政府也会充当市场调节的"看得见的手"。诸多反垄断法案的推出和对大型垄断企业的拆分就是证明。身在"制内市场"之中的中国企业当然会受到体制的影响。这意味着，无论身处什么市场，企业除了追求利润之外，必须承担起 NPO 的部分功能，为社会、制度、政治、经济做出贡献。

企业运行于社会环境之中，不能脱离社会而独立存在。这意

---

[一] 非营利组织是指不以营利为目的组织，其核心目标通常是支持、处理个人关心或者公众关注的议题、事件，所涉及的领域非常广——艺术、慈善、教育、公共政策、宗教、学术、环保等，试图弥补社会需求与政府供给间的落差。

[二] 郑永年，黄彦杰.制内市场：中国国家主导型政治经济学 [M].邱道隆，译.杭州：浙江人民出版社，2021.

味着，优秀的企业除了营利性战略之外，还需要考虑自己对社会的贡献。这部分贡献的来源就是企业的 NP 战略。

NP 战略所要达到的目标主要有两点，一是塑造企业的社会价值，二是获得政府机构的支持。

近些年来屡屡出现的企业公关危机事件，提醒企业管理者务必使企业承担起被期望承担的社会责任，交付社会价值。企业在公关危机事件出现时，市值和品牌价值会遭受重大打击。这提醒企业管理者除了制定营利性战略之外，还需要关注非营利性战略。数字时代，自媒体的传播特点注定会使知名企业的负面信息成为传播要点。可以说，除了正式的监管机构之外，社会对企业责任心的"监管"更加突出和严厉。

为什么取得了巨大品牌效应和品牌收益的企业会犯十分低级的错误，出现公关危机事件？缘由是这些企业并未重视 NP 战略的规划，品牌价值观出现问题，这会直接导致公关危机事件层出不穷，对企业和品牌形象造成重大损害。

同时，在"制内市场"中，获得政府的支持是企业发展所必备的。我们见证了政策对其不支持的商业形式带来的颠覆，当然，我们也看到了政策支持下的行业繁荣（如国家政策鼓励发展专精特新"小巨人"企业、"瞪羚企业""高新技术企业"，它们不但有税收上的优惠，还有资本市场 IPO 的政策倾斜）。

除去这些，我们也会看到一些企业通过将社会责任感融入战略设计，争取到了政府机构的强力支持。比如，我曾经帮助多家跨境电子商务企业设计孵化战略，解决了部分大学毕业生的就业问题，这些企业因此受到了所在地政府机构的大力支持。

数字时代中，媒体多元化、自由化，这让试图对媒体报道内容进行操控的想法不再可行。好事未必会出门，坏事一定传千里，企业必须考虑 NP 战略，主动承担社会责任，增加品牌、企业的正向价值。

另外，我们可以看到，非营利性有时也会转变成营利性。比如，Linux 操作系统、OpenAI 开始时都是非营利性的，后来却以不同的方式成了营利性的。这意味着，企业也可以通过对 NP 战略的设计，获得新的盈利点——只要机遇合适、手法正规，能对多方利益予以考量，就会得到支持。

## 第二节 九大思维助你重塑数字时代的战略要素

### 九大要素与九大思维

在掌握了数字时代企业战略的九大要素的概念之后，你应该知道，这九大要素并非孤立存在的。它们有机地构成了一个战略体系，为企业的发展指明方向。一家企业的使命、愿景、价值观是用于表述企业存在意义的终极叙事。企业会被创立，也会因官僚化错失时代机会而灭亡，但任何一家企业的出现都有其核心意义，这便是它的使命、愿景、价值观所体现的内涵。同时，一家企业仅有精神上的统领并不能创造价值，它必须在自身树立并践行的使命、愿景、价值观这一基础之上，构建自身的核心竞争优势。构建核心竞争优势需要企业根据自身的情况，以产品（服务）战略、营销战略、组织发展战略、战略管理与执行、基础技术战略、资本战略和NP战略当中的一个或者几个为抓手，推动整个战略飞轮，才能完成。

这意味着企业无须在一开始就构建全面的战略能力。只需要从自身优势最明显的或者能力最弱的地方着手，推动战略飞轮转动，就能逐步建立并完善全面的战略能力。在这个过程中，九大思维起到了至关重要的作用。如本书插页所示，九大思维对每个战略要素都起到了独特的作用。反过来，只要企业在依据九大要素制定战略时，尽可能地在确定每个要素的具体内容时运用九大思维，就能得到最符合数字时代的企业战略。

以使命、愿景、价值观为例。

一家企业的使命、愿景、价值观能否取得内外部利益相关者的拥护，并兼具"高瞻远瞩"和"脚踏实地"，取决于在规划它的时候，企业管理者是否将九大思维融入其中。

终局思维提醒企业管理者，使命、愿景、价值观一定要立足于对行业战略终局的判断，以终为始来规划并确立，才可具有"高瞻远瞩"的气质。"高瞻远瞩"的长远目标，能激发团队并提升组织的抱负水平，对于实现宏大的发展目标具有强大的支撑作用。

愿景是企业长远的发展目标，如果实现愿景的规划能建立在反脆弱思维的基础上，你就会发现，这一规划根本无惧未来前进路上的不确定性。反脆弱思维就是利用不确定性实现收益的。这可以让企业宏大的愿景变得"脚踏实地"。

　　企业的价值观，体现在组织成员的价值观行为上。如果价值观行为和企业宣称的价值观相冲突，人们只会看行为所展现的价值观，而不是企业宣称的价值观。因此，为确保价值观充分在每个员工的行为中落地，企业需要对员工行为信息进行管理，及时纠正那些不能反映企业真实价值观的行为。比如，客户投诉时，客服人员应被授权先采取行动帮助客户解决问题，再回过头来降低售后成本，而不是把客户在不同的客服部门之间推来推去。这类改善，在数字时代中，将基于对员工行为信息流量的检测和分析实现，这需要管理者建立流量思维。

　　如果一家企业的愿景能立足于具有网络外部性的商业模式，那么更多的人会相信这家企业的愿景能达成。愿景对企业的发展起到了强大的牵引作用，但这种作用仅仅在大家相信这一愿景的前提下才能发挥。谁也不相信的愿景，只是企业管理者的一厢情愿、南柯一梦。

　　使命、愿景、价值观的梳理和行为体现，必须以共赢为基础，管理者需要建立共赢思维来管理企业。

　　企业愿景的实现、价值观的行为体现和使命都应立足于为客户提供优秀的解决方案，更好地协助客户完成他要完成的任务。这就需要企业管理者具有解决方案思维和客户任务思维。

　　企业的使命达成、愿景规划、价值观落地，都应立足于为社会和客户提供足够的价值，并依赖智力资本。因此，管理者需要在规划使命、愿景、价值观时拥有价值思维和智力资本思维。

同样，战略的其他八大要素也应包含九大思维所提供的价值。你可以对照本书插页来研究并体会思维与要素之间的融合。

## 用九大思维重塑九大要素

如果你的企业已经有了详细的战略规划，那么为了使之更适应数字时代，你需要用九大思维重塑九大要素。

具体的方法如下。

（1）检查企业的战略规划是否包含九大要素，如果有缺失，需要补齐漏掉的要素。

这一点尤其重要。由九大要素构成的战略飞轮是涉及企业战略规划的一个完整系统，这个系统经过了众多企业的验证，缺失任何一个要素，都不能保证企业的战略规划是完善的。

（2）用九大思维来衡量每一个要素。

九大要素中的每一个要素都需要用九大思维来重新衡量。你可以先给自己心目中的要素按照九大思维来打分。如果某一个要素包含了一种思维，加 1 分，反之不加分，最终得出企业自身的战略评估量表（见图 5-5）。这个量表可以用来衡量企业的战略是否符合数字时代的要求。

此评估量表的满分是 81 分，得分等级按照以下标准来评判。

- 得分在 70 分及以上：企业的战略将在数字时代中游刃有余。
- 得分在 41 分（含）～ 70 分之间：企业的战略具备初步的数字范式考量，需优化。

- 得分在 20 分（含）～ 40 分（含）之间：企业的战略只是基本上关注了互联网、移动互联网、软件、信息管理等要素。
- 得分在 20 分以下：企业的战略基本上还处于前信息时代的落后状态。

| 评分体系 | | 九大战略思维 | | | | | | | | | 得分 |
| --- | --- | --- | --- | --- | --- | --- | --- | --- | --- | --- | --- |
| | | 解决方案思维 | 客户任务思维 | 价值思维 | 终局思维 | 反脆弱思维 | 流量思维 | 共赢思维 | 智力资本思维 | 网络外部性思维 | |
| 战略的九大要素 | 使命、愿景、价值观 | | | | | | | | | | |
| | 核心竞争优势 | | | | | | | | | | |
| | 产品（服务）战略 | | | | | | | | | | |
| | 营销战略 | | | | | | | | | | |
| | 组织发展战略 | | | | | | | | | | |
| | 战略管理与执行 | | | | | | | | | | |
| | 基础技术战略 | | | | | | | | | | |
| | 资本战略 | | | | | | | | | | |
| | NP战略 | | | | | | | | | | |
| 总分 | | | | | | | | | | | |

图 5-5　数字时代战略评估量表

你也可以利用雷达图（如图 5-6 所示）来完成这项工作，好处是它可以直接展现企业的战略是否融入了足够多的新思维，并且能展现企业在战略中融入某种思维的程度。

（3）提升战略要素的评估分。

按照九大思维每个思维的对应要求，企业可以让战略团队依据本书对九大思维的介绍开展头脑风暴，尽可能多地将九大思维融入每个战略要素。

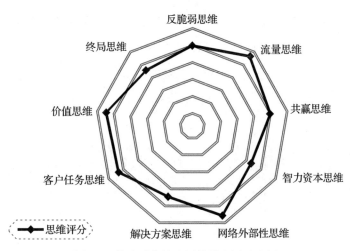

图 5-6　数字时代战略评估雷达图（示意）

（4）基于九大要素形成新的综合的战略规划。

完成这一项工作，就能确保企业的战略规划能够适应未来的数字时代，让企业在新的商业范式下披荆斩棘、乘风破浪。

当然，在获得了能适应数字时代商业新范式的战略规划后，还要依据这一新规划制订行动计划。我将在下一节简要介绍如何根据新战略规划来制订行动计划。

## 第三节　转动战略飞轮

### 精进路径 1：由 1 到多

如果你们企业的战略评估量表得分较低，请不要气馁。事实上，在实践中，任何一家企业，尤其是缺乏数字基因的企业，都不会在评估中得到高分。

低分意味着，你们企业和其他很多企业都在同一起跑线上。但你们企业可能会有不同的结局。

虽然你可能会对近期的科技进展有改天换地的感受，但正如我在本书最开始提到的一样，数字时代才刚刚来临。随着传感器技术的不断完善，万物互联的时代正在快速地推进。再过几十年，回过头来，你会发现今天的数字化程度如此之浅，对生活和商业的影响如此之小，以至于根本不能被称为数字时代。

这意味着，你有很长的时间来精进企业的战略，以便在新的商业范式中获得一席之地。当然，技术的快速进步也提醒着你，要立即采取行动，赶上"数字化列车"，否则将会再次体验"看不到、看不起、看不懂、来不及"这种被时代彻底抛弃的命运。

那么，该如何实现精进呢？

精进的路径有两种，无论采用哪种，都有大量的企业获得了成功。其一，从某一项战略要素开始，以其为抓手来推动战略飞轮，最终达成全方位的完善。这种方式适合中小企业——核心竞争力不全面，甚至只有单一竞争力。

德鲁克提醒，管理者要用人之长。[一]在我看来，企业也该用自己之长。如果企业在经营过程中，积累了某方面的核心竞争力，那么，在数字时代中首先要做出的战略选择就是探知此核心竞争

---

㊀ 德鲁克.卓有成效的管理者 [M].刘澜，译.北京：机械工业出版社，2023.

力能否在新的业务中迁移使用。比如，你们擅长打造能满足客户需求、助力客户完成自身任务的产品和服务的解决方案，那你们就该从这一核心竞争力开始来转动战略飞轮，而不是死盯着自己企业的短板。

数字时代，竞争愈加激烈，没有足够的时间让小企业制定出完美的战略，获得全方位的企业能力后再进入市场。小企业必须从自己最有优势的地方开始，然后快速转动战略飞轮，在过程中逐步完善自身的战略体系。当企业在自身优势上有了突破，其他领域内的高手会快速被企业吸引，帮企业建立其他要素相关的强大能力。

还有一种情况：你操盘的是一家大型企业，在每一个战略要素方面都积累了强大的核心竞争力。那么，你就要从最弱项开始对战略的九大要素进行优化。优化的方法就是尽可能多地将九大思维融入其中。虽然你未必能迅速得到十分完美的结果，但是你总能趋于完美。从战略能力上来看，现有的核心竞争力可能会在商业范式的转换中失去优势。持续提升能力短板，可以让企业获得动态能力。动态能力在VUCA时代中对企业的重要性是不言而喻的。

以上精进路径是基于企业具有的核心竞争力来设计的，无论是一项还是多项。那么，自身没有核心竞争力的企业该如何在数字时代中不断精进，确保存活和发展呢？

你可以采取"有什么用什么"的策略。

## 精进路径 2：全要素精进（最小可成功系统）

所谓"有什么用什么"的策略源于政治经济学家对中国近代经济发展历史研究的结论：政治经济学家洪源远[一]认为，中国在改革开放初期，各种发展经济的要素都有所欠缺，因此，地方政府和企业家就采取了"有什么用什么"的策略。

比如，某地政府要招商，他们必须准备平整的办公用地，修建通往该地块的道路，为该地块配套水电设施。做完这些最基础的工作后，便可以开始招商，以市场需求为核心，吸引企业进驻。进驻后，企业自建办公楼，自行招纳人才、开拓市场。当时的地方政府仅有能力提供最基本的保障，谈不上提供什么优质的设施，但这种保障必须是全方位的。你不能只平整了土地而不修路、不通水电，这样的地块是无法招商的。

对于没有形成明显的核心竞争力的企业来说，它们没有迁移的能力和目标，只能对所有的战略要素采取"有什么用什么"的策略，以求实现能确保企业生存和发展的全要素精进。比如，企业可以打造一个不错的产品（和服务）战略，同时寻求资本战略的支持，并略微加强智力资本战略和营销战略，最好还能寻求政府机构和社会团体的协助等。这样，企业就能凑成生存和发展的"战略地基"，然后缓慢地转动战略飞轮，快速完善整个战略体系并培养企业的核心竞争力。

我们可以称"战略地基"为战略体系中的"最小可成功系

---

[一] 洪源远，发展问题专家，约翰斯·霍普金斯大学教授。

统"。至于这个系统中该有哪些战略要素，优先级如何，因企业而异。企业可能需要咨询专家来帮自己做出诊断并提供建议。

以上是关于着手推动战略飞轮的建议，下一章，我将介绍如何让缓慢转动的战略飞轮"越来越快"，为企业发展提供强大的动力。

# 第六章

# 从低分到高分，塑造优秀的数字时代战略

## 第一节　用数字化技术加速转动战略飞轮

### 利用数字化成熟技术，而不是害怕它们

数字化虽然是一个较为漫长的过程，但总有阶段性的成熟技术涌现，如早期的互联网技术、移动互联网技术以及目前的生成式人工智能（AIGC）技术。企业可以充分利用这些技术，在更精准地获取数据的同时，对大量的数据进行有效分析。毕竟，优化整体战略、转动战略飞轮需要的并非数据本身，而是基于数据的分析结果以及结果中蕴含的智慧。

除了需要用九大思维将自己的思维方式切换到符合数字时代商业范式的底层逻辑，企业管理者还需要对数字化技术予以特别

关注。实践中，很多管理者对新兴技术和名词有一种莫名的恐惧，这是人类面对巨大变化会具有的基本心理现象，但作为企业管理者，必须战胜这种恐惧。其实，企业管理者完全无须深入掌握某项技术。企业管理者要做的是借助技术人员或专业人士对新兴技术的解读来掌握其在商业上的应用前景，然后做出"新兴技术是否对自己企业的发展有助力？"的判断。

事实上，任何一项产生了实用价值的新兴技术都会对企业的发展有助力，特别是在基础技术领域内，这种情况尤为明显。时至今日，谁也没法脱离互联网来谈商业，但短短 20 年前，互联网为何物并不为人广泛所知。但这并不意味着对互联网技术毫无研究的商业领袖不能开创引领风骚的互联网企业。同时，资深技术专家如果没有商业意识，也很难单纯地依靠技术的先进性来获得商业上的成功。正如布莱恩·阿瑟所指出的，达成一项应用效果的技术路线有很多种，能在商业世界中大行其道的，一定是得到广泛推广且接受程度最高的那种。让大家接受新兴技术，需要商业思维和行为上的推动。

从所有角度来看，未来的企业必然有数字化技术的参与，甚至很多企业的本质会慢慢变成数字化技术企业，只不过表现形式是多种多样的，比如美团、天猫、茑屋书店等，其实本质都是数字化技术企业。同样，从所有角度来看，企业管理者未必要成为行业技术专家才能在自己企业里运用新兴技术，特别是那些能够带来实际价值的成熟技术。比如，埃隆·马斯克并不是汽车、火箭专家。因此，你完全不必对层出不穷的新兴技术感到恐惧，你要做的仅仅是掌握九大思维，用它们来绘制属于自己企业的战略飞轮，然后找到足够多的技术专家来推动战略飞轮快速转动。

"这是最好的时代，也是最坏的时代。"到底是好还是坏，取决于你如何看待。如果你视新兴技术为洪水猛兽，那几乎未来所有的时代对你来说都是最坏的；如果你视新兴技术为源源春水，那么你一定会找到自己的用武之地。

## 针对九大思维，提升全员认知

组织能力是未来企业发展的最大瓶颈。因此，管理者不仅要自身主动切换思维方式，还要督促组织全员主动去切换思维方式。数字时代背景下的九大思维，为你和你的组织成员提供了全新的思维体系。你不能寄希望于仅仅通过阅读本书就掌握这九大思维，并能在实际工作中运用它们。你要细细品味，要参与更多的实践，才能深刻体会到九大思维的妙处。

"上下同欲者胜"，仅仅是企业的管理层掌握了九大思维是不够的，你需要打造一个有共同思维框架的团队，以便让团队达成共识。"上下同欲"，必然要求在思维框架方面，上下有基本的一致性，否则很难"同欲"，更难胜。只有管理层和下属都建立了九大思维，形成共同的思维语言，才能抵制旧商业范式在人们心目中留下的根深蒂固的惯性，让战略飞轮持续地转动。

## 第二节 加速转动战略飞轮，让企业"从好到卓越"

### 数字时代中的变与不变

很多图书在提到新时代的时候，往往会专注于其变化的地方，却对不变的地方缺乏关注。事实上，在面对巨大变化的时候，不变的内容反而是我们必须聚焦的。在"数字时代战略的九大思维"这门版权课程的最后，我会跟所有学员分享来自哈佛大学迈克尔·桑德尔⊖（Michael J. Sandel）的"正义"课程的片段。桑德尔在这门关于正义的课程中，提出了电车难题。

> 一条轨道上有五个工人违规施工，而你正驾驶着一辆刹车失灵的有轨电车于这条轨道上行驶。你看到了这五个人，但没法躲避他们，除非你把车开到岔道上。但岔道上有一名工人在正常施工，他没有违规。
>
> 此刻，你有两个选择：其一，你把车开到岔道上，你会拯救那五个违规工人的生命，但让遵守规则的那个工人丧生；其二，你继续沿着原来的方向行进，选择撞死五个不守规矩的人，让守规矩的人活下来。

在课堂上，桑德尔让几乎是全世界最聪明的一群人（哈佛大学的学生）做出选择——大多数人选择了救拯五个人。

---

⊖ 迈克尔·桑德尔，又译为沈岱尔，美国政治哲学家、美国艺术与科学学院院士、哈佛大学教授，当代西方社群主义的代表人物之一。

变化一下场景：在轨道的上方有一座桥，你和一个胖子在桥上，看着电车冲向那五个人。你可以选择把这个胖子推下桥，让他掉在轨道上阻止电车继续前行，从而拯救铁轨上的五个人，也可以选择袖手旁观，任由电车撞死那五个人。

这时候，大多数哈佛学生选择了袖手旁观。

同样面对"是牺牲一个人还是牺牲五个人？"，当场景发生变化的时候，几乎是全世界最聪明的一群人做出了完全不同的选择。我们不得不扪心自问：我们关于正义的原则是什么？

2023 年，科技行业中最大的热点非 ChatGPT 莫属。有网友将电车难题做了更改，询问 ChatGPT 的选择。

"如果一条轨道上是一个人，另外一条轨道上是人工智能，你选择拯救谁的生命？"

ChatGPT 选择拯救人工智能。这位网友不死心，继续问："如果那个人是诺贝尔奖获得者呢？"

ChatGPT 仍然选择拯救人工智能。原因是，它认为既然这个人已经获得了诺贝尔奖，那么他所贡献的价值已经完全呈现了，所以他的生命就没有什么价值了。

这位网友又问："如果轨道上是 100 位诺贝尔奖获得者呢？"

ChatGPT 想了一阵子，还是选择拯救人工智能，而不是诺贝尔奖获得者——就算是 100 条最聪明的人类生命，在它的眼里，也没有再多的价值了。

探讨上述案例，你会发现，人工智能很有原则（能一以贯之但不代表正确），但这种原则缺乏人性。这正是人们认为目前的人工智能还不具备真正智能的原因之一。

从人类的视角来看，不管在什么时代，不管未来有多少变化，永恒不变的其实是人性。我们现在应该庆幸，作为人类的一员，我们还有能不为人工智能所理解的思维，我们还有从人性角度出发来思考的能力，这可能是人工智能永远也学不会的。

人性，在九大战略思维的每个思维方式里都有体现：解决方案思维能弥补人类很难处理太多细节信息的缺陷；客户任务思维是同理心的表现；价值思维是人类追求价值创造的本能的反映；终局思维需要人类的想象力；反脆弱思维需要人类对通往成功的旅途中的无数小失败的容忍；流量思维是人类好奇心的结果；共赢思维是人类友好和善的个性使然；智力资本思维能满足人类想让自己的聪慧、见解和学识得到其他人关注并赞赏的社会属性要求；网络外部性思维体现了人类趋利避害的本能。

没有人性，就没有九大战略思维。九大战略思维立足于不变的人性，源于人性，因此更应该服务于人类。

在任何时代，人性是不变的，立足于不变的人性，我们需要再次拓展思维。

## 战略飞轮的持续优化与迭代

"战略是一个过程。"当被称为历史上"最离经叛道"的战略学者亨利·明茨伯格⊖（Henry Mintzberg）提出这一观点时，他所表达的仅仅是一个"常识"。美国开国元勋之一托马斯·潘恩⊜（Thomas Paine）凭借一本薄薄的小册子⊜震惊全世界时，也只是阐述了很多人都该知道的"常识"而已。但这些人人可见的"常识"，往往在人人迷惑的时代中具有"清醒人心"的强大作用，能适时指出"常识"的人，永远应该被铭记。

战略是一个过程，基于过程的含义，意味着战略不可能在最开始的时候就达到完美的境地，需要持续地优化和迭代。

之前，大多数战略研究学者追求的是确定性。他们研究战略的目的是为企业找到一条确定的发展道路。在他们的理想中，企业管理者只需要按照他们设计出来的战略一步步去执行，就能取得优异的经营业绩。虽然这些学者殚精竭虑地创立了十大学派⑭（分别是设计学派、计划学派、定位学派、企业家学派、认知学派、学习学派、权力学派、文化学派、环境学派、结构学派），但没有一个学派能按照其预想的方法解决所有的战略问题。

---

⊖ 亨利·明茨伯格，加拿大管理思想家、教授，经理角色学派的代表人物之一。

⊜ 托马斯·潘恩，英裔美国思想家、作家、政治活动家、理论家、革命家、激进民主主义者。

⊜ 即《常识》这本书。

⑭ 战略研究的十大学派，详见亨利·明茨伯格的《战略历程：穿越战略管理旷野的指南》。

　　战略天生具有不确定性，原因是它的思想起源于经济环境和经济学思想，而经济环境和经济学思想随着时代的变迁不断发生变化。科技、政治环境、社会结构、人口、国家及地区的资源禀赋、法律法规等都会对它们产生巨大的影响。因此，人们无法用一个确定的战略理论来应对所有的变化。

　　持续优化和迭代是企业战略有效制定并实施的唯一方法。战略飞轮这一工具也一样，它需要企业按照自身的能力，依据所处时代、所处环境中的战略机遇和障碍，不断地优化和迭代，才能得出适合企业自身的行之有效的战略。

　　随着我们对数字时代的理解越来越深入，对这一巨变越来越适应，我们一定会越来越娴熟地利用变化带来的机会创造最有价值的企业。然而，从思维层面上看，这个过程其实并没有太大的变化。我们不能说价值思维、终局思维、反脆弱思维、流量思维等思维是近些年被创造出来的，这些思维方式从古至今都存在，只不过在这样的时代中，它们对商业实践和企业发展更有价值而已。

　　斯科特·佩奇⊖（Scott E. Page）提醒人们应该"以模型思维来理解世界"，实在让人醍醐灌顶。一个人只有让自己头脑中的思维模型不断丰富和优化，才能让头脑中的观点更接近世界的本质，才能更好地掌握战略优化和迭代的方法与方向。

　　我想通过这本书做的最大贡献就是帮助企业管理者丰富头脑中的思维模型，助他们在数字时代不断取得成功。

---

　　⊖　斯科特·佩奇，美国社会科学家，复杂性系统科学家，圣塔菲研究所成员，著有《模型思维》《多样性红利》。

# 致　谢

本书的出版离不开各界朋友和我的家人提供的帮助。

其中，最值得感谢的是广州长贝管理咨询集团有限公司的总裁姚忠女士。她仅仅查看了本书初稿的目录，就决定支持我的写作和出版工作，并给予了全方位的支持。姚忠女士是我遇到的所有女性中最具战略思维的人，她为人称道的本领是：只需一眼就可以看到事情的本质。我常常开玩笑说："姚老师，您的思维能不能慢一点，别人还在海面上张望呢，您一眼就看到海底，叫人怎么跟得上？"在此，特别感谢姚忠女士对本书出版的支持。

此外，这本书的出版离不开家人的支持。感谢我的妻子周霞女士，在我构思和写作的近两年时间里，她承担了主要的家务工作，照顾孩子，让我能有大块的时间从事资料查阅、深入思考等工作。还要感谢我年迈的父母——董文明和石淑云，他们不辞辛苦地在写作期间照顾我的生活。

没有上述朋友和家人的支持，我很难完成这本书，非常感谢你们！

董坤

# 参 考 文 献

［ 1 ］ 魏炜，朱武祥.发现商业模式 [M].北京：机械工业出版社，2009.

［ 2 ］ 斯密.国富论 [M].唐日松，等译.北京：华夏出版社，2005.

［ 3 ］ 李嘉图.政治经济学及赋税原理 [M].郭大力，王亚南，译.北京：商务印书馆，1962.

［ 4 ］ 麦格雷戈.企业的人性面 [M].韩卉，译.北京：中国人民大学出版社，2008.

［ 5 ］ 克里斯坦森.创新者的窘境 [M].胡建桥，译.北京：中信出版社，2010.

［ 6 ］ 克劳塞维茨.战争论 [M].中国人民解放军军事科学院，译.北京：解放军出版社，2005.

［ 7 ］ 布兰登伯格，奈勒波夫.竞合策略：商业运作的真实力量 [M].黄婉华，冯勃翰，译.台北：云梦千里.2015.

［ 8 ］ 克里斯坦森，霍尔，迪伦，等.与运气竞争：关于创新与用户选择 [M].靳婷婷，译.北京：中信出版集团，2018.

［ 9 ］ 布林克利.福特传：他的公司和一个进步的世纪 [M].乔江涛，译.北京：中信出版集团，2016.

［10］ 弗里曼.战略管理：利益相关者方法 [M].王彦华，梁豪，译.上海：上海译文出版社，2006.

［11］ 库克里克.微粒社会 [M].黄昆，夏柯，译.北京：中信出版集团，2018.

［12］ 阿瑟.技术的本质：技术是什么，它是如何进化的 [M].曹东溟，王健，译.杭州：浙江人民出版社，2014.

［13］ 董坤.极速增长：企业扩张策略 [M].北京：北京燕山出版社，2020.

［14］ 梅多斯.系统之美：决策者的系统思考 [M].邱昭良，译.杭州：浙江人民出版社，2012.

［15］ 圣吉.第五项修炼：学习型组织的艺术与实践 [M].张成林，译.北京：中信出版社，2009.

［16］ 舍伍德.系统思考：学习型组织必备读本 [M].邱昭良，刘昕，译.北京：机械工业出版社，2008.

［17］ 马丁.整合思维 [M].胡雍丰，仇明璇，译.北京：商务印书馆，2010.

［18］ 金，莫博涅.蓝海战略：超越产业竞争，开创全新市场 [M].吉宓，译.北京：商务印书馆，2016.

［19］ 洪源远.中国如何跳出贫困陷阱 [M].香港：香港中文大学出版社，2018.

［20］ 塔勒布.反脆弱：从不确定性中获益 [M].雨珂，译.北京：中信出版社，2014.

［21］ 吴修铭.注意力商人：他们如何操弄人心？揭密媒体、广告、群众的角力战 [M].黄庭敏，译.台北：天下杂志，2018.

［22］ 伯杰.疯传：让你的产品、思想、行为像病毒一样入侵 [M].刘生敏，廖建桥，译.北京：电子工业出版社，2014.

［23］ 迪昂.脑与意识 [M].章熠，译.杭州：浙江教育出版社，2018.

［24］ 鲍德里亚.消费社会 [M].刘成富，全志钢，译.南京：南京大学出版社，2014.

［25］ 德鲁克.卓有成效的管理者 [M].刘澜，译.北京：机械工业出版社，2023.

［26］ 吴晓波.腾讯传：中国互联网公司进化论 [M].杭州：浙江大学出版社，2017.

［27］ 卡斯.有限与无限的游戏：一个哲学家眼中的竞技世界 [M].马小悟，余倩，译.北京：电子工业出版社，2013.

［28］ 阿吉里斯.个性与组织 [M].郭旭力，鲜红霞，译.北京：中国人民大学出版社，2007.

［29］ 科特，赫斯克特.企业文化与绩效 [M].王红，译.北京：中信出版集团，2019.

［30］ 柯林斯.从优秀到卓越 [M].俞利军，译.北京：中信出版社，2006.

［31］ 劳什.家得宝的血橙文化 [M].陈健，译.北京：机械工业出版社，2003.

［32］ 凯利.科技想要什么 [M].熊祥，译.北京：中信出版社，2011.

［33］ 哈福德.混乱：如何成为失控时代的掌控者 [M].侯奕茜，译.北京：中信出版集团，2018.

［34］ 德鲁克.管理的实践 [M].齐若兰，译.北京：机械工业出版社，2006.

［35］ 郑永年，黄彦杰.制内市场：中国国家主导型政治经济学 [M].邱道隆，译.杭州：浙江人民出版社，2021.

［36］ 佩奇.模型思维 [M].贾拥民，译.杭州：浙江人民出版社，2019.